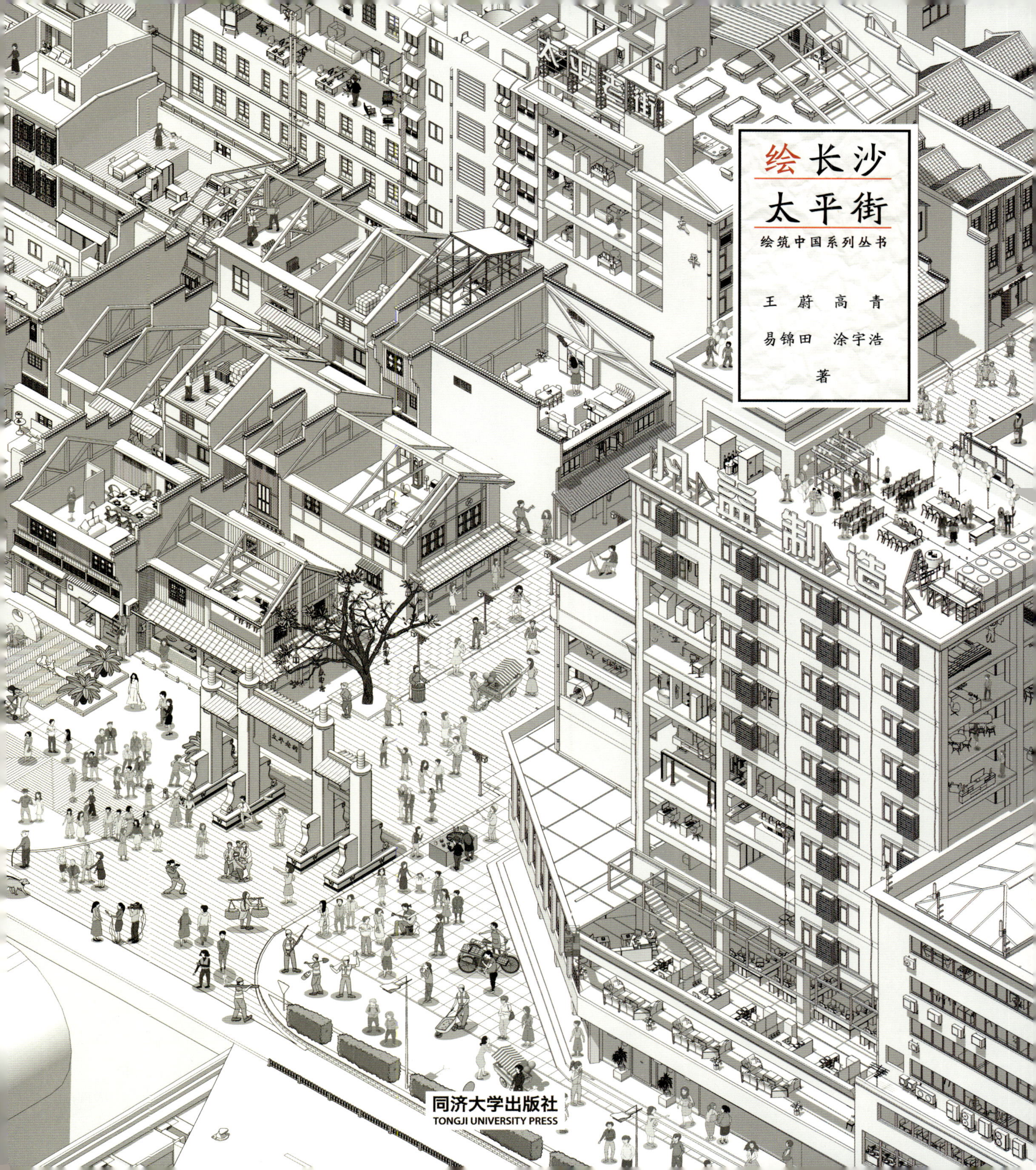

绘长沙太平街

绘筑中国系列丛书

王蔚 高青
易锦田 涂宇浩
著

同济大学出版社
TONGJI UNIVERSITY PRESS

太平老街

绘长沙

太平街

顾　问

学术总顾问

魏春雨　唐曙光　冯意刚

学术顾问

马建成　王　滔　文　宾　邓　广　卢健松　刘宏成　严　钧
李　波　李　涵　杨　瑛　吴海浪　张贤铭　陈先枢　陈树芸
陈　翚　邵　磊　罗　劲　周湘华　胡　妍　柳　肃　段　宁
袁朝晖　钱　云　徐　峰　彭文军　焦　胜　熊　洋
（以姓氏笔画为序）

鸣谢

清华大学　《住区》杂志社
湖南省建筑科学研究院
《中外建筑》杂志
文和友
绘造社
长沙市科学技术协会
长沙市规划勘测设计院
长沙规划展示馆
长沙图书馆
P8 可持续创新社区
夸克仓库
玎玎“星”推荐

老通義

绘长沙太平街创作团队

创作总监

王　蔚

创作副总监

高　青　易锦田　涂宇浩　陈芷芳

艺术指导

许昊皓　欧雄全　贺　鼎　杜頔康　何思倩　翁东华

创作人员

熊世祺　李劭雄　刘　宁　朱逸夫　黄媛媛　柯　晟

罗朴之　蒋静姝　危　睿　俞潮韵　唐炎琰　张轩溥

刘奕辰　贺梦蝶　黄　钊　任雨箫　刘　美　刘盛华

陈彦伊　肇宸鹤

项目学术策划

湖南大学建筑学院

凡益工作室

爬山虎工作室

项目创作执行

凡益工作室

绘长沙

太平街

目　录

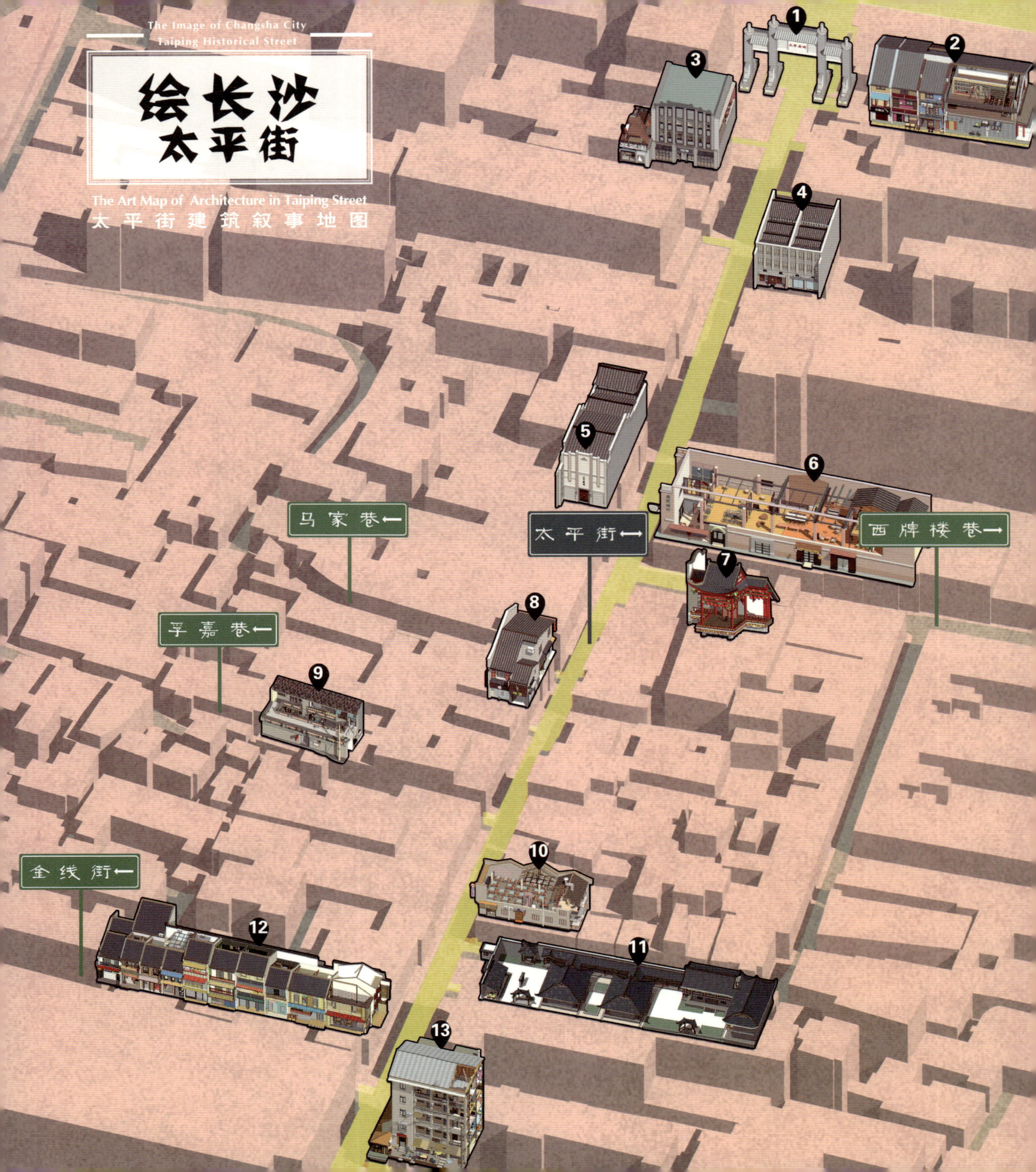

The Image of Changsha City
Taiping Historical Street
绘长沙
太平街
The Art Map of Architecture in Taiping Street
太平街建筑叙事地图
马家巷
太平街
西牌楼巷
孚嘉巷
金线街
1
2
3
4
5
6
7
8
9
10
11
12
13

The Image of Changsha City
Taiping Historical Street

绘长沙
太平街

The Art Map of Architecture in Taiping Street
太 平 街 建 筑 叙 事 地 图

《绘长沙 · 太平街》以名城长沙著名的历史街区“太平街”为创作主题，历经多年的文化调查、实地调研、专家走访、文献整理后启动制作。绘本收录了历史街区太平街中贾谊故居、利生盐号、宜春园戏台、太平粮仓、农民银行等重要的历史文化建筑，也涵盖了筒子楼、星巴克等当下街区居民生活相关的现代元素，全面地反映了太平街历史街区的历史文化与当下生活。

概述 INTRODUCTION

● 绘本 Picture Book

绘本，顾名思义就是“画出来的书”。整本书以图画为主，可以连贯成为单一完整故事的称为绘本。绘本常常易与以插图为主的故事书搞混。整本书若以文字为主，就算每一页都有插图，将整本书的文字拿掉后，若读者只看图看不出整个故事的来龙去脉，那就是故事书。

● 绘长沙 The Image of Changsha City

“绘长沙”系列的前提，是希望建筑师能利用自身拥有的“工具”展开城市多元化的价值挖掘！每个城市都是一个多样性的“物种”，城市与城市之间应该是差异性、独特性、多样性的，不应该出现趋同化的建筑和规划模式。城市应该是像自然生长的万物一样一步步吸取养分而生长，而不是施肥化地快速催生一个巨大躯壳，其内在却不具有任何营养成分。

❻ 农民银行 Farmer Bank

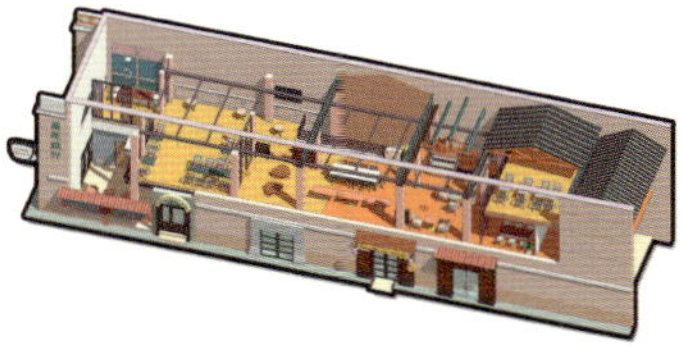

在山墙上写有“农民银行”的这栋西洋式建筑，被列为三级保护建筑、民国初年优秀历史建筑，因沿街立面改变大，无法考究原貌，后通过对建筑装饰线脚的分析和银行特点作想象性改造恢复。

⓫ 贾谊故居 Former Residence of JIA Yi

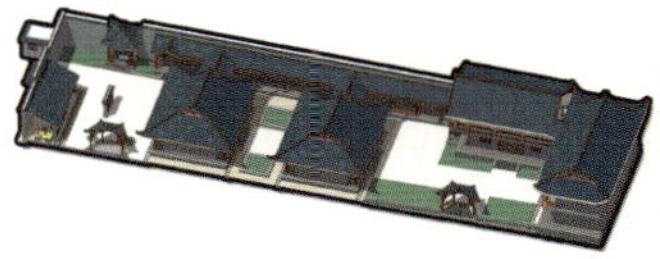

在两千多年的历史岁月中，贾谊故居大规模的修缮就有百余次，如今，古迹泯然，重修之后的贾谊故居隐于闹市，长怀井、贾太傅祠、太傅殿、寻秋草堂、古碑亭等，依然安静而祥和。在迎来送往之间，贾谊故居延续了长沙的城市文脉。

⓬ 金线街 Jin Xian Street

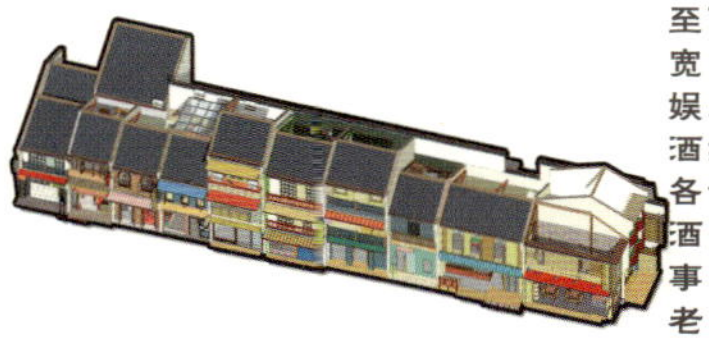

金线街东起太平街，西至下河街，长 218 米，宽 8 米。金线街是极富娱乐精神的街巷，灯红酒绿中潮男靓女流连在各个小酒吧里，喝着美酒，品着音乐，想着心事……而金线街延续着老长沙不变的情怀。旧时光，人与物，将那些年少轻狂的记忆存档在老街巷的青瓦白墙间。

❶ 北牌楼 North Pailou

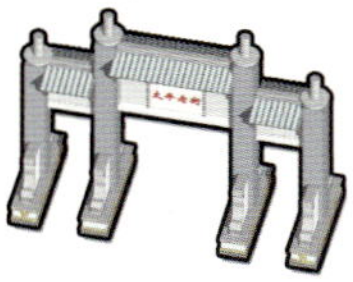

太平街南起解放西路，北到五一大道西段，宽 7 米，长 375 米，街名为“太平”，是因为清末这条街西城墙新开城门一座，名曰“太平”，意为皇恩浩荡，天下昌盛平安。由于清代以来的知名老字号以及众多历史古迹云集，同时在辛亥革命中的特殊地位，太平街一度享誉神州。

❷ 新胜村巷 Xinsheng Village Lane

坐落于太平街北端的新胜村巷，由二至三层比邻的砖木小楼组成，其主要业态为小酒吧及咖啡馆，曾位于此处的“飞鸟和鱼唱片行”拍摄过电影《我们的十年》。

❸ 文艺里 Wenyi Street

沿着麻石板路向太平街南段走上二三十步，在西侧能看到一幢保存完好的三层楼老建筑“文艺里”。这栋 Art Deco 风格的三层楼由老建筑升级改建而成，改建后融入了现代设计和艺术人文气质，有许多的文艺青年、先锋艺术家都聚集在这里享受着时间的流逝。

❹ 利生盐号 Lisheng Yanhao

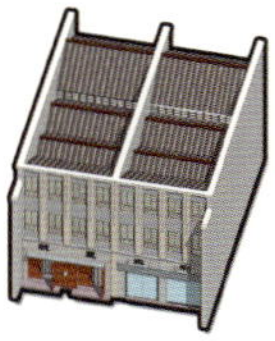

利生盐号创业于清咸丰三年（1853 年），以销售食盐、茶油为主。该处为一典型的民国商业建筑，前面一进为铺面，后面一进为三合院式住宅，有小型天井采光。

❺ 乾益升粮栈 Qianyisheng Grain Depot

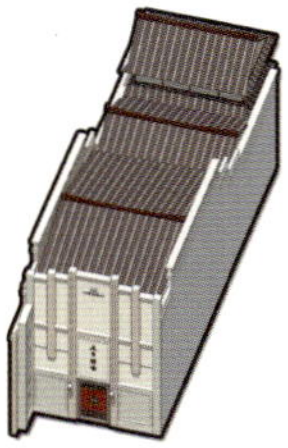

乾益升粮栈又被称为“太平粮仓”，是一座中西合璧式的建筑，其立面造型运用了西洋近代建筑手法，如不对称的房间布局，而山墙做法又具有明显的长沙地方特色。进门有一条很深的运粮通道，直通后门，后门离湘江河运码头很近。（本段文字由陈先枢提供）

❼ 宜春园戏台 Yichun Garden Stage

宜春园戏台，为清朝光绪三十四年（1908 年）修建，是湖南第一家湘剧戏院“宜春园”的老戏台。宜春园集茶馆与戏园于一体，清光绪年间曾风靡长沙城。原建筑已消失，现今按湖湘地方风格恢复古戏台，用以展现清末闹市街头看戏的民俗街景风貌、热闹场景。

❽ 孚嘉巷 12 号公馆 Fujia Lane No. 12 Mansion

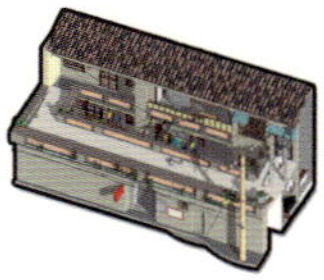

孚嘉巷 12 号公馆是一栋内中外西的公馆建筑，内室二层系纯木结构，大门又带有西式风格。原建筑建于清末，曾为四正社驻地，1938 年“文夕大火”中损毁，1946 年在旧址上重建，保留原有建筑风格，当地居民称为“兰庄”，入住客人多为湘乡行商。今为居民住宅。（本段文字由陈先枢提供）

❾ 马家巷 Majia Lane

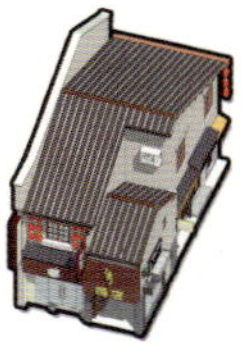

马家巷位于太平街西侧，是一条很窄短的街，全长大约 194 米，成 Z 字形，由太平街连接卫国街。与孚嘉巷相距不足 40 米，因此容易与同样以小吃店为主体的孚嘉巷相混淆。

❿ 老油炸社 Ola Fried Food Restaurant

位于太傅巷内的这家老油炸社共有两层，由靠墙一侧的送餐电梯将餐饮配送至二楼的就餐区，这里使用老长沙的味道，在店铺名字后面加了个“社”字，墙纸都是用老长沙的照片扩印来的，大幅的黑白照上印着一句反白的广告语“我们小时候的味道，你还记得吗？”

⓭ 筒子楼 Tube-shaped Apartment

筒子楼是一个时代记忆——昏暗的灯光、狭窄的走廊、走廊两侧一溜儿排开的单间、一层楼两个卫生间一个水房。家家户户的蜂窝煤炉子都守候在自家门外。居住格局虽然拥挤、简陋，但邻里关系非常融洽，筒子楼代表着那个岁月里人与人之间的真情与温馨。

序

王蔚

创作“绘长沙”系列作品的初衷是希望建筑师能利用自身拥有的“工具”展开城市多元化的价值挖掘。城市化运动是目前城市扩张的某种“主流”趋势，扩张的同时我们建筑师或规划师是否遗忘了城市一些原本有价值的空间，把它们作为城市源动力再挖掘的事给丢失了，而一味地追随那种“主流”趋势去实现“自身价值”。每个城市都是一个多样性的“物种”，城市与城市之间应该是差异性、独特性、多样性的，不应该出现趋同化的建筑和规划模式。城市应该是像自然生长的万物一样一步步吸取养分而生长，而不是施肥化地快速催生一个巨大躯壳，其内在却不具有任何营养成分。

高速发展使城市功能和结构不断发生改变，这与历史街区的保护对环境的限制存在剧烈冲突，使城市历史街区保护与经济发展的矛盾日益突出。城市是经济发展的主要载体，城市历史街区作为城市肌理的有机组成部分，它的保护必然要融入城市经济发展的进程之中。对历史街区的保护不仅仅是对形式、空间的保护和对基础设施的改善。保护历史街区对城市的意义不仅仅在于对人文精神的延续，对历史资源的延续，同时其巨大的商业价值也极具开发潜力。随着城市经济的迅速发展，太平街已经成为了长沙商业中心的必争之地。无数的多元文化涌入到这条拥有百年历史文化商业底蕴的街区，碰撞出了新的商业奇迹。太平街不单单具有城市经济发展的任务，同时还承担着弘扬湖湘文化的重大使命。

太平街坐落于长沙市老城区南部，街区以太平街为主线，北至五一大道，南到解放路，西接卫国街，东到三兴街、三泰街；鱼骨状街区 200 年未变，全长 375 米，宽不过 7 米，占地面积约 12.57 公顷；交通十分便利，是“老长沙”的缩影；自战国时期长沙有城池开始，是古城的核心地带，历经 2000 多年没有改变；街区内，小青瓦、坡屋顶、白瓦脊、封火墙、木门窗，是这一带民居和店铺的共同特色；老式公馆则保留了较为原始的石库门、青砖墙、天井四合院、回楼护栏等传统格局。改造与修缮后的太平街历史街区以人文环境和人工环境相结合，继承了清代街巷格局，民国的民居风貌，长沙市井的生活气息，逐渐成为旅游观光、商业服务、历史文化展示的新场所。

在世界各国的城市化发展的进程中都经历着历史街区保护的问题，慢慢地趋向于更加有策略、有责任、有意识地来保护历史街区中的文化资源，使其能够有效地成为城市未来经济可持续发展的一股支柱力量。历史街区资源通常包括：人文资源、文化资源、自然资源甚至科学技术资源等等。这些众多资源组合在一起有效地形成历史街区的复合资源载体，也是历史街区的主要财富支柱。

通常从经济角度而言，保护好这些优秀的传统资源复合体，其实质是将有价值的资源转变为优质的资产，把潜在的优势转变为实际的优势，进一步挖掘和发挥其历史价值、文化价值、艺术价值、社会价值、旅游价值、使用价值与经济价值，并产生经济效益、社会效益与环境效益。历史街区要以可持续发展的态度去传承与经营历史街区传统文化。历史文化街区以其丰富的文化底蕴，对旅游者有相当强的吸引力。在对旧城历史文化街区进行商业改造时，可以有效利用旧城原有的历史文化资源，发展休闲旅游业，由此形成一个不仅对本城居民有吸引力，而且也可以吸引外来游客的休闲商业区与旅游区。同时，历史街区一般都集中在老城区的核心地带即老商品市场，有良好的商业气氛，可以快速融入城市的商业竞争。我国正经历着一场规模浩大且速度空前的城市化进程，这势必造成一些城市问题，我们可以看到当今很多规模庞大的城市综合体以一种“高冷”的姿态占领着城市的土地，改变了城市的格局，这种突如其来的“新物种”打破了城市原本的生活形态，两极分化的生活方式正在这里上演。我们目睹了城市的巨变，由此我们也产生了记录城市趣味现象的冲动，凡益工作室作为本土化的设计新媒体，致力于挖掘本地文化，带着对城市的情怀以及对历史的责任，我们推出了首个城市绘本，我们选择了太平街。作为已有千年历史的太平老街，这里一直留有着最活跃、最真实的生活方式，它如此亲近于市民大众，朴实而繁荣。我们以一种全新的模式来诠释，以提升太平街的文化品牌实力，挖掘艺术性的文化创意街区。通过管理，将艺术空间、文化产品相结合，开启一种新的模式。

当下，我们可以借助建筑师的工具来表达这个时代的历史街区场景，为城市的文化做些力所能及的事情，所以我们借助了绘本的表达方式来传达我们的意图。绘本通俗易懂，它的表现形式能更好地被大众所接受，当然这除了绘本作品的属性外，其背后是我们对城市的观察与思考，通过新颖的表达融入大众的生活。而太平里作为街区上一个艺术创意的社区，吸引很多年轻的人群来访，也为街区注入了新潮的思维与活力，实现了与历史的碰撞和灵感的升华。我们通过太平街上的生活提取出街巷上的场景与故事，让街区的文化注入这条老街，以释放出它当今的时代印记，我们不再是单纯的记录而更多的是整理、提炼与加工，烘托出这个伟大城市的细腻与舒缓、新潮与亲切。我们通过绘本将生活再次演绎，去打破大众对“固化标准”的理解。历史在前行，城市在变迁，我们在思考。

极速4G体验店

宾馆
太平老街
锦江之星

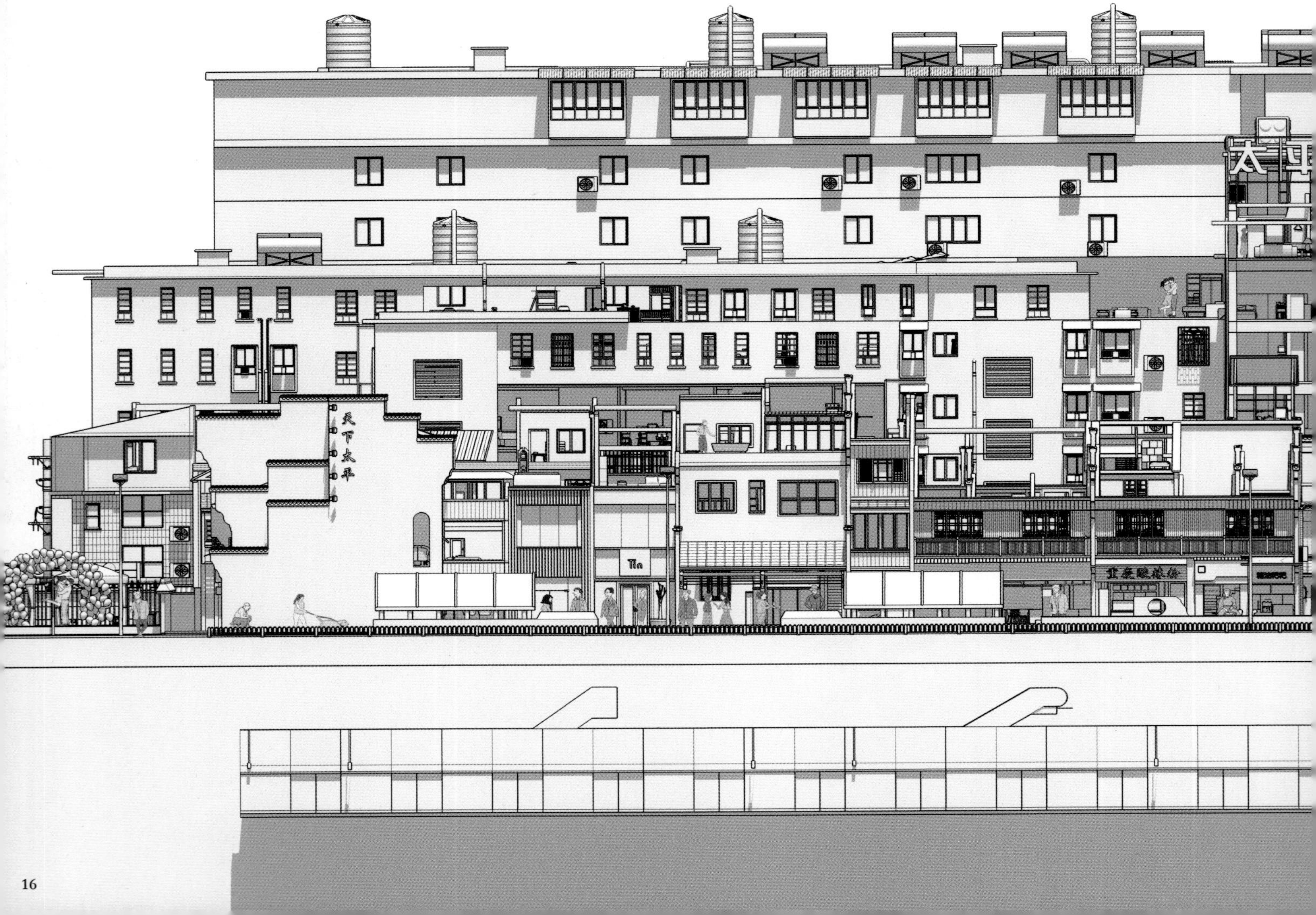
天下太平

街
太平
宾馆
太平老街
制

The Image of Changsha City
Taiping Historical Street

绘长沙
太平街

共建美好家园
太平老街
湖南文和友文化产业
发展集团有限公司
天下太平

凡益制造
凡益制造

正如居住在长沙的一些老人所说:"太平街从来不曾落寞过,不曾缺少故事,从旧时的古街到而今的旅游景点都是商贾要地,它存储了一个个长沙的传奇。"太平街,这样一条老街而今更承载着展示湖湘文化魅力、体现传统商业民俗风情的重任。行走古街,除了能感受到石牌坊、麻石路、古戏台这些标志性古建筑所带来的视觉冲击之外,我们更多的是领略到一种历史积淀所散发的文气与韵味。太平街北区老街虽历经沧桑,改造后却风情犹存,传统的市井生活气息一如往昔。街巷中,云集了本地小资青年。新老时代在这条老街共同生存,一切都显得那么和谐,那么从容不迫。

xīn shèng cūn xiàng
新胜村巷

我们来到大都市，每天都在为建筑买单。
要么花重金去购置房屋，要么花重金去租房。
重慶酸辣粉
这味道，我口水都快流出来了。
太平老街
排这么长味道应该很好。
太平老街
新时代文化遗产的传承，已经不仅仅是对于物质本体的保护。
人是文化遗产特色传承的主体，留不住人，什么都传不下来。
重慶酸辣粉
老长沙
猪油拌粉
我们出去吃饭，餐馆一小半的成本来源于店铺租金。
我们去商店买东西，又有不少花在店铺装修上。

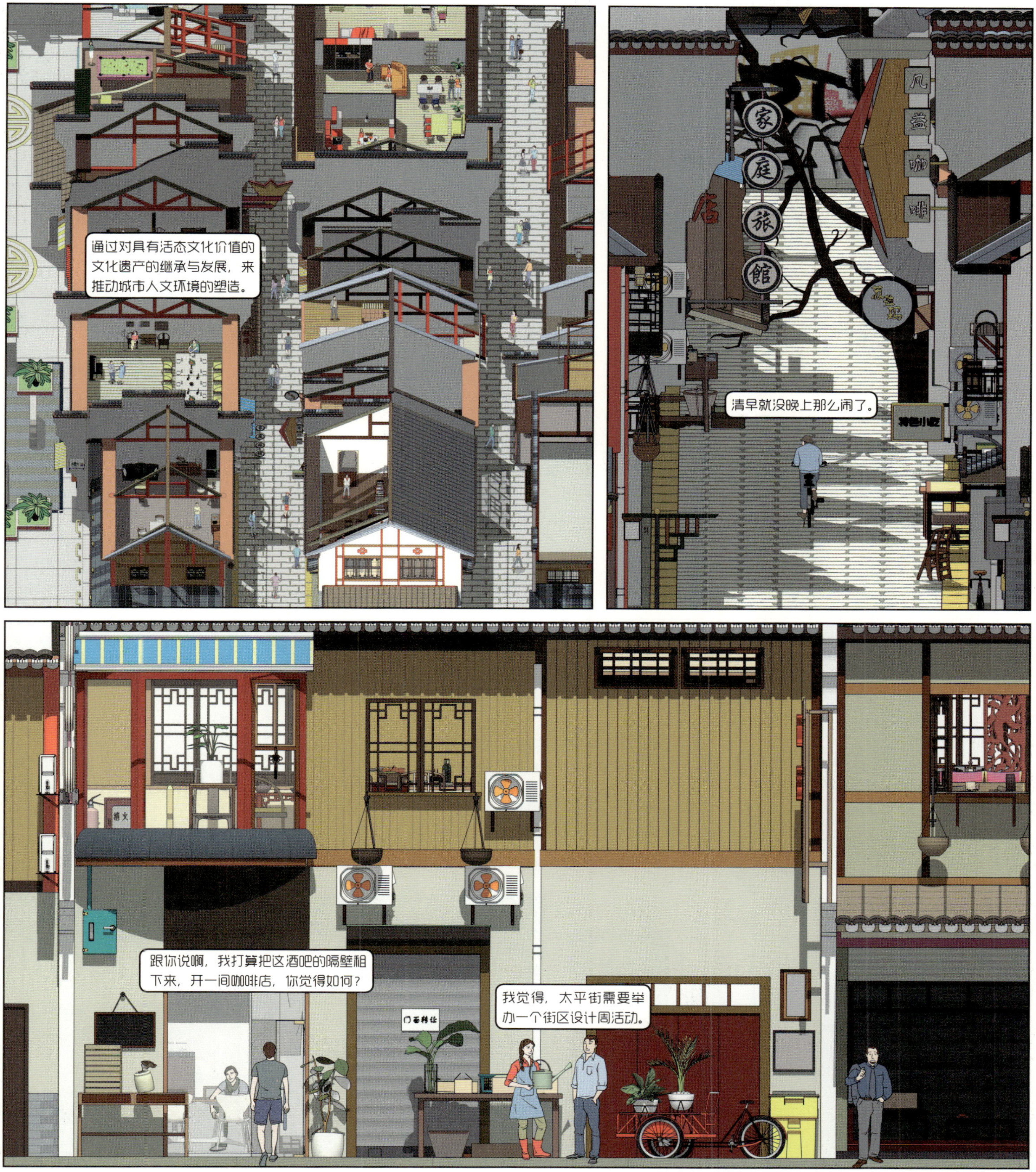
通过对具有活态文化价值的文化遗产的继承与发展，来推动城市人文环境的塑造。
家庭旅館
风尚咖啡
清早就没晚上那么闹了。
跟你说啊，我打算把这酒吧的隔壁租下来，开一间咖啡店，你觉得如何？
我觉得，太平街需要举办一个街区设计周活动。

捌零逅
长沙这座城市，变化很快，每过一两年，都会发现某个地方自己不认识了。
你以后，可还
回来找我吗？
在小酒吧，可以找一找学生时代向往过的诗酒年华。
历史街区必须是生产性方式的保护才能持续。

我前天藏好的小鱼干是不是被白威偷了。
会的，我会每天给你写一封信，直到我回到你身边。
隨至人間樂九州
福滿山河春天地
历史街区的传承需要民间力量的参与。
不想说再见

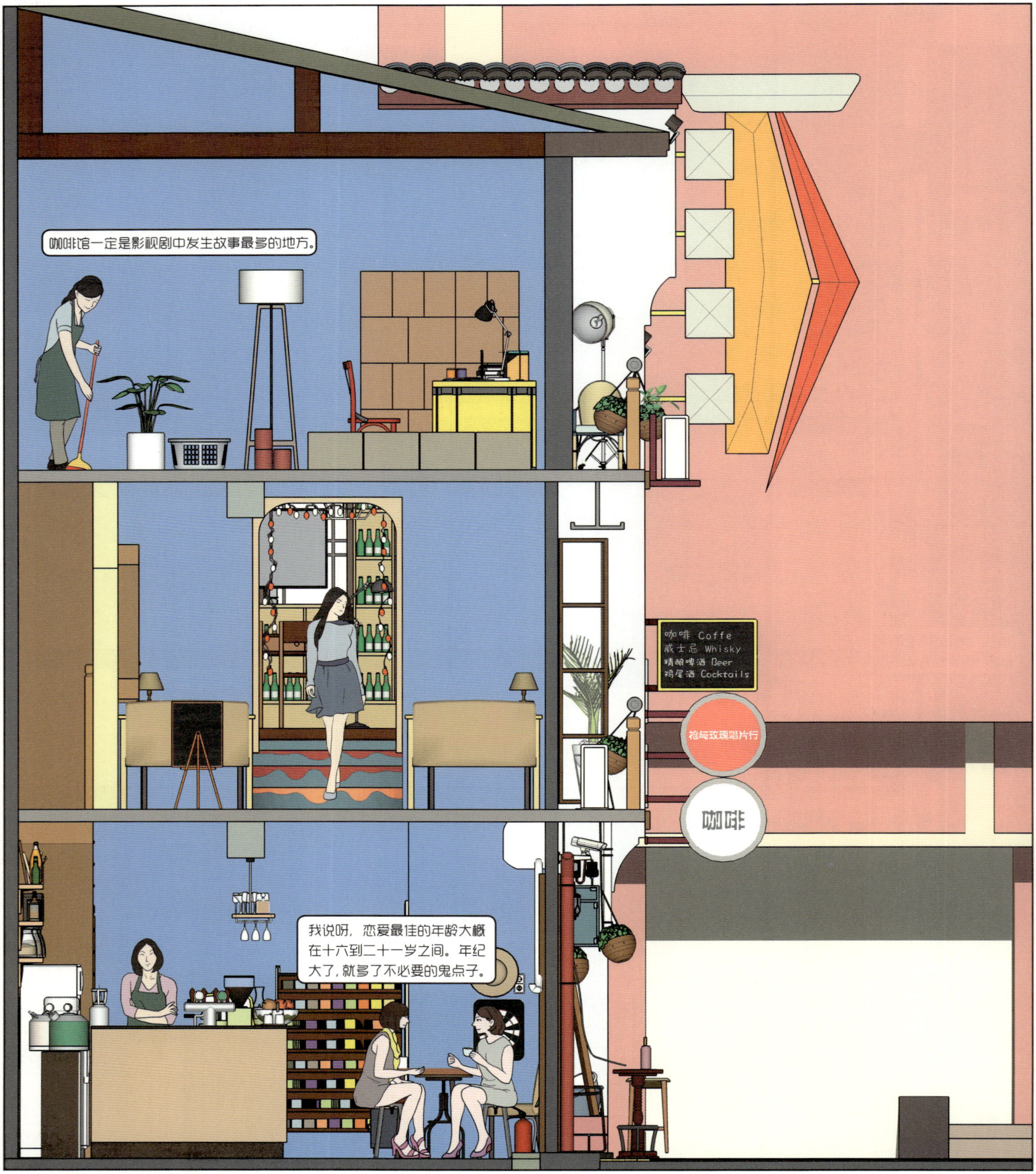

咖啡馆一定是影视剧中发生故事最多的地方。
咖啡 Coffe
威士忌 Whisky
精酿啤酒 Beer
鸡尾酒 Cocktails
枪与玫瑰唱片行
咖啡
我说呀，恋爱最佳的年龄大概在十六到二十一岁之间。年纪大了，就多了不必要的鬼点子。

我在咖啡馆兼职过一两年。
想起来还是会遇到一些特别的客人。
自从上次来到这里，我就不能停止想念，学生时代所爱过的一切。
太平街太缺乏精神文化场所了。
最好有一个书店来构建起街区的文化堡垒。
终于我鼓起勇气，辞去了程序员的工作。我来到这家咖啡店，从挑选咖啡豆开始，学习如何制作味道最美的卡布奇诺。
更多的时候在咖啡馆也只是平平淡淡。
毕竟，还是普通人多一点。

可是丫丫说，她想要去纽约和巴黎，追寻自己想要的生活。我只想开一家咖啡店，在酒吧旁边。
好天气就应该逗猫玩狗喝咖啡。
至人間樂九州
福滿山河春天地

明明摆这边的怎么不见了，还要再爬一次。
你还记得这首变奏曲吗？
当然，你说过是它陪你度过了高考前的不安。
在哪都能遇见你！
我说，不如——你就留在这条老街上吧。

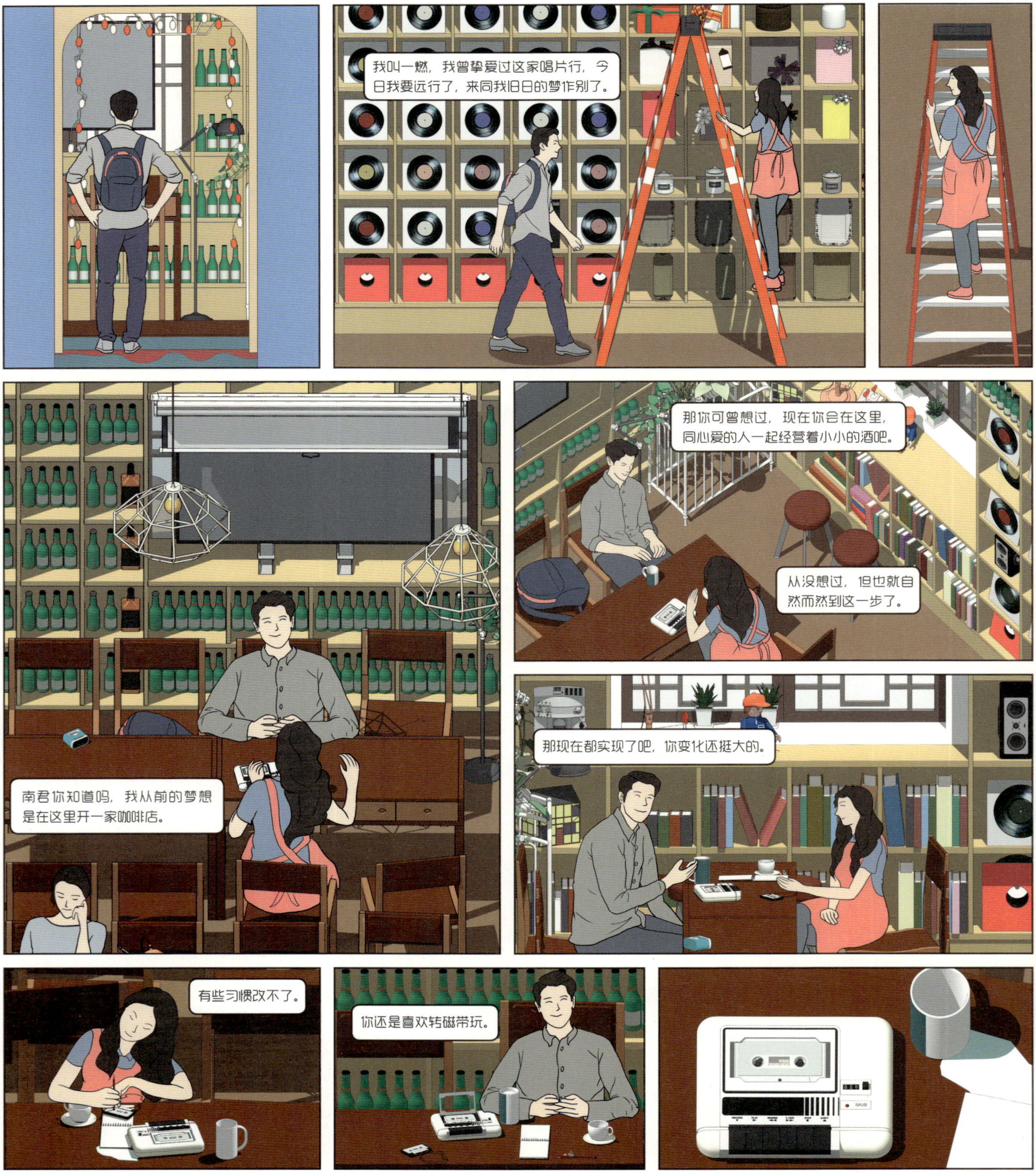
我叫一燃，我曾挚爱过这家唱片行，今日我要远行了，来同我旧日的梦作别了。
南君你知道吗，我从前的梦想是在这里开一家咖啡店。
那你可曾想过，现在你会在这里，同心爱的人一起经营着小小的酒吧。
从没想过，但也就自然而然到这一步了。
那现在都实现了吧，你变化还挺大的。
有些习惯改不了。
你还是喜欢转磁带玩。

只要给我纸，我每天可以作出曲子来。
《天天向上》这期请的是老炮剧组啊，刘雯还是湘妹子嘞。

沿着麻石板路向太平街南段走上二三十步，在西侧能看到一幢保存完好的三层楼老建筑——文艺里。这栋 Art Deco风格的三层楼由老建筑升级改建而成，改建后融入了现代设计和艺术人文气质，有许多的文艺青年、先锋艺术家都聚集在这里享受着时间的流逝。

wén yì lǐ

文艺里

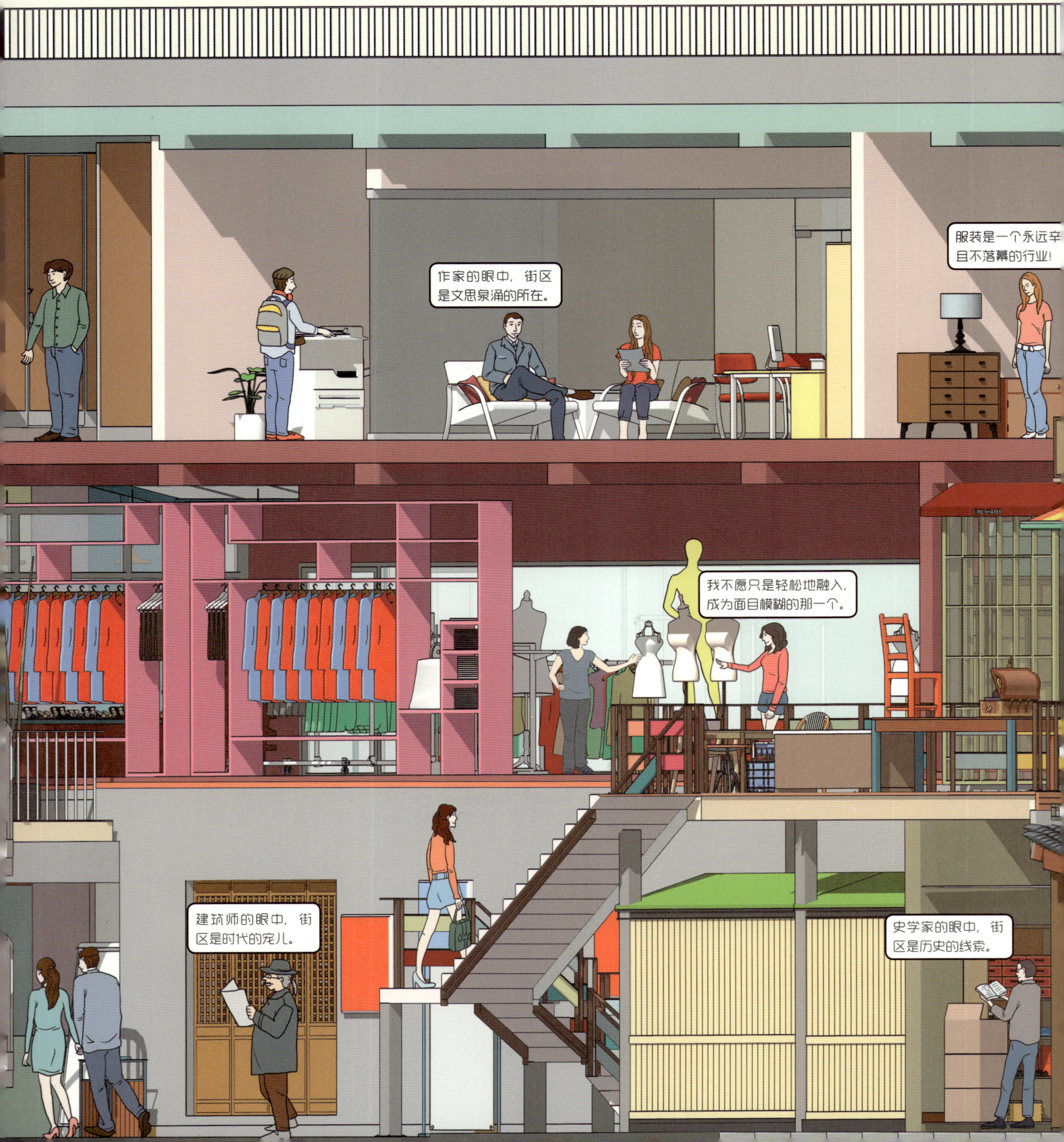
作家的眼中，街区
是文思泉涌的所在。
服装是一个永远辛
且不落幕的行业!
我不愿只是轻松地融入，
成为面目模糊的那一个。
建筑师的眼中，街
区是时代的宠儿。
史学家的眼中，街
区是历史的线索。

文艺里
高级成衣，不一定设计要多么花哨。
TIME SHARER
ina
艺术 美学 咖啡
咖啡豆烘焙后存放的时间更短。
咖啡杯的正确拿法，应是拇指和食指捏住杯把儿再将杯子端起。
咖啡
旅行家的眼中，街区是美丽的风景。

文艺里
ina
艺术 美学 咖啡
得到的太容易就会有贪念。
文艺里
一个月是咖啡豆烘焙后的最佳有效期。
所以，我不建议买进口品牌的咖啡豆。
太平街老杆店
咖啡
一杯好咖啡从这里开始。

饮咖啡时可以吃一些点心。
你不挺想看我戴这串手链的么。

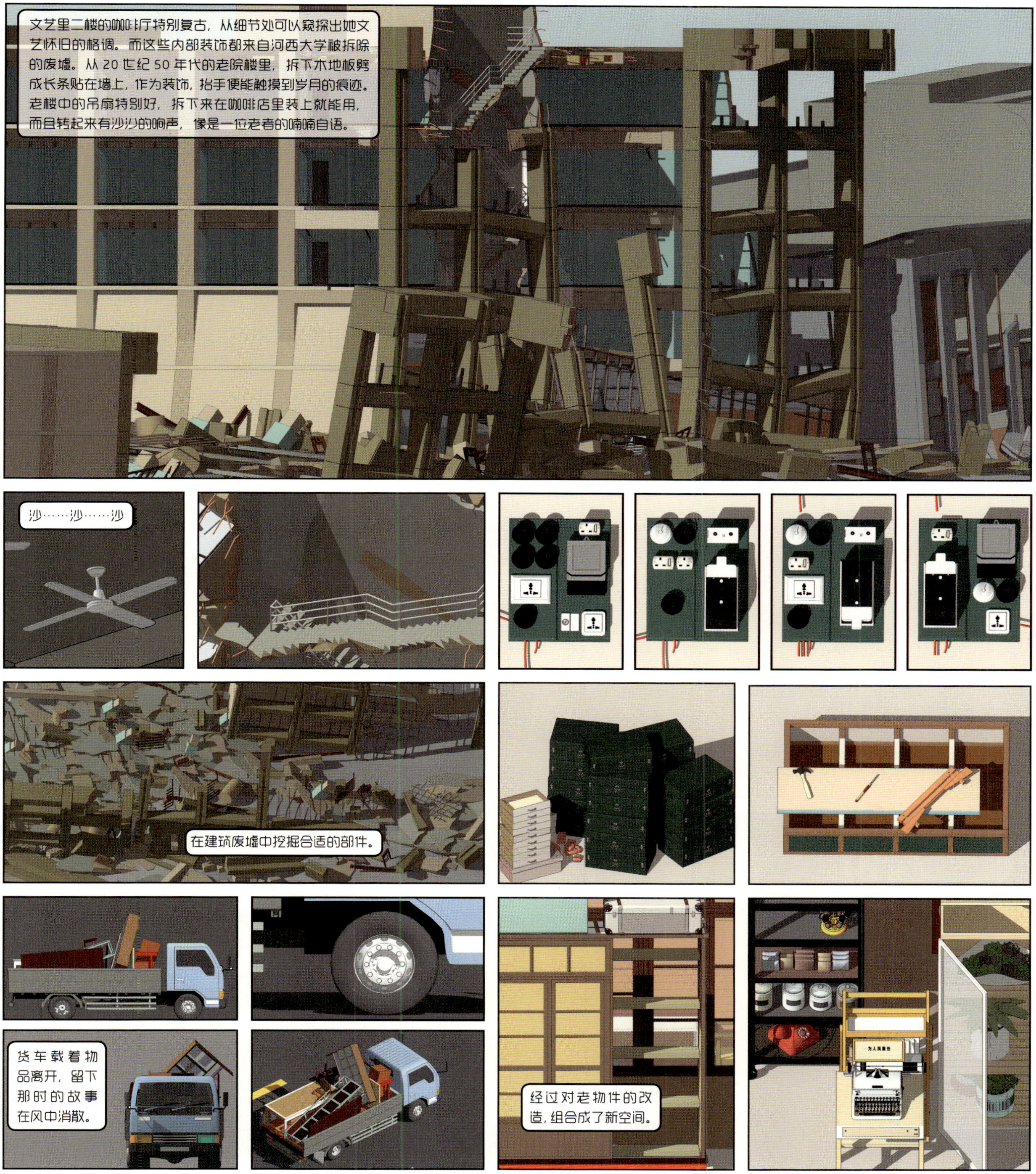
文艺里二楼的咖啡厅特别复古，从细节处可以窥探出她文艺怀旧的格调。而这些内部装饰都来自河西大学被拆除的废墟。从 20 世纪 50 年代的老院楼里，拆下木地板劈成长条贴在墙上，作为装饰，抬手便能触摸到岁月的痕迹。老楼中的吊扇特别好，拆下来在咖啡店里装上就能用，而且转起来有沙沙的响声，像是一位老者的喃喃自语。
沙……沙……沙
在建筑废墟中挖掘合适的部件。
货车载着物品离开，留下那时的故事在风中消散。
经过对老物件的改造，组合成了新空间。

导演，今晚你有事吗？
那要看是什么事了。
我已经迷失在社交媒体中了。
摄影是一种与思想情感交集的视觉艺术。
我会想你的，因为每个夜晚我不得不和你分手。
我们看似常常出入高档场所，接触各类光鲜人群。
其实，谁都知道摄影很苦逼啊！
它们让我想起一句话——人生很寂寞，故事很温柔。
这些是我的摄影作品。

店里最近对情侣打折。
一无所有的日子，什么都渴望。
磨好咖啡粉
冲煮咖啡
倒掉咖啡渣
多肉植物和淘来的复古旧器物搭配呈现。

我去买星巴克，房租占到一杯咖啡成本的三分之一。
一杯咖啡的味道，制做师的水平只占三成。
我羡慕你没有才华还能胡作非为!
女人最大的本事是把男人变成理想的炮灰。
果然花还是没有你美。
讨厌!

建筑租金是比税收更重的苛捐杂税！
一杯咖啡的物料成本不超过 4 块钱。
多米诺体系的诞生和钢筋混凝土的广泛使用……

这边四弦琴是尤克里里。
给我一杯绿茶。
建筑是城市居民头顶闹鬼的幽灵。

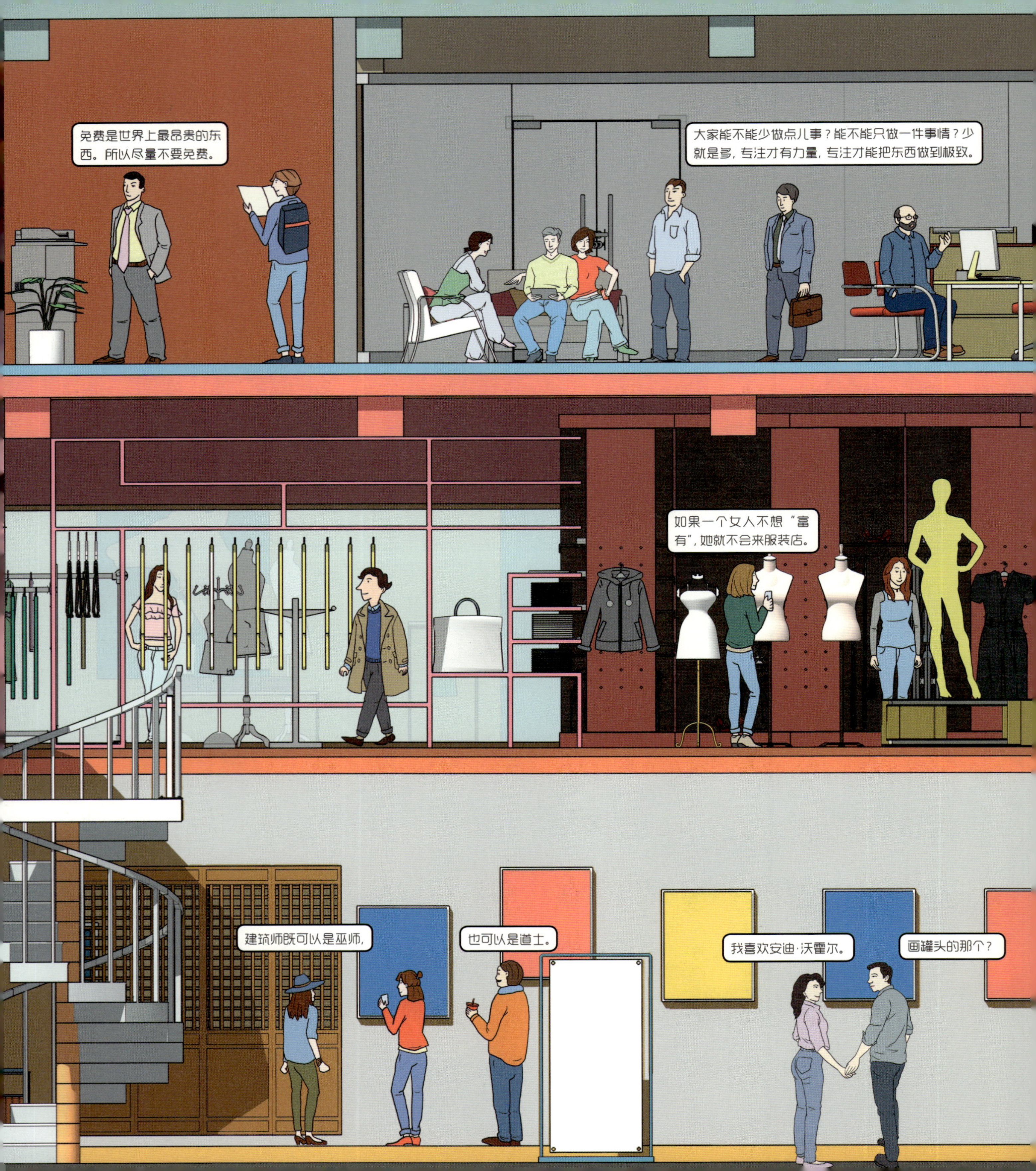
免费是世界上最昂贵的东西。所以尽量不要免费。
大家能不能少做点儿事？能不能只做一件事情？少就是多，专注才有力量，专注才能把东西做到极致。
如果一个女人不想“富有”，她就不会来服装店。
建筑师既可以是巫师，
也可以是道士。
我喜欢安迪·沃霍尔。
画罐头的那个？

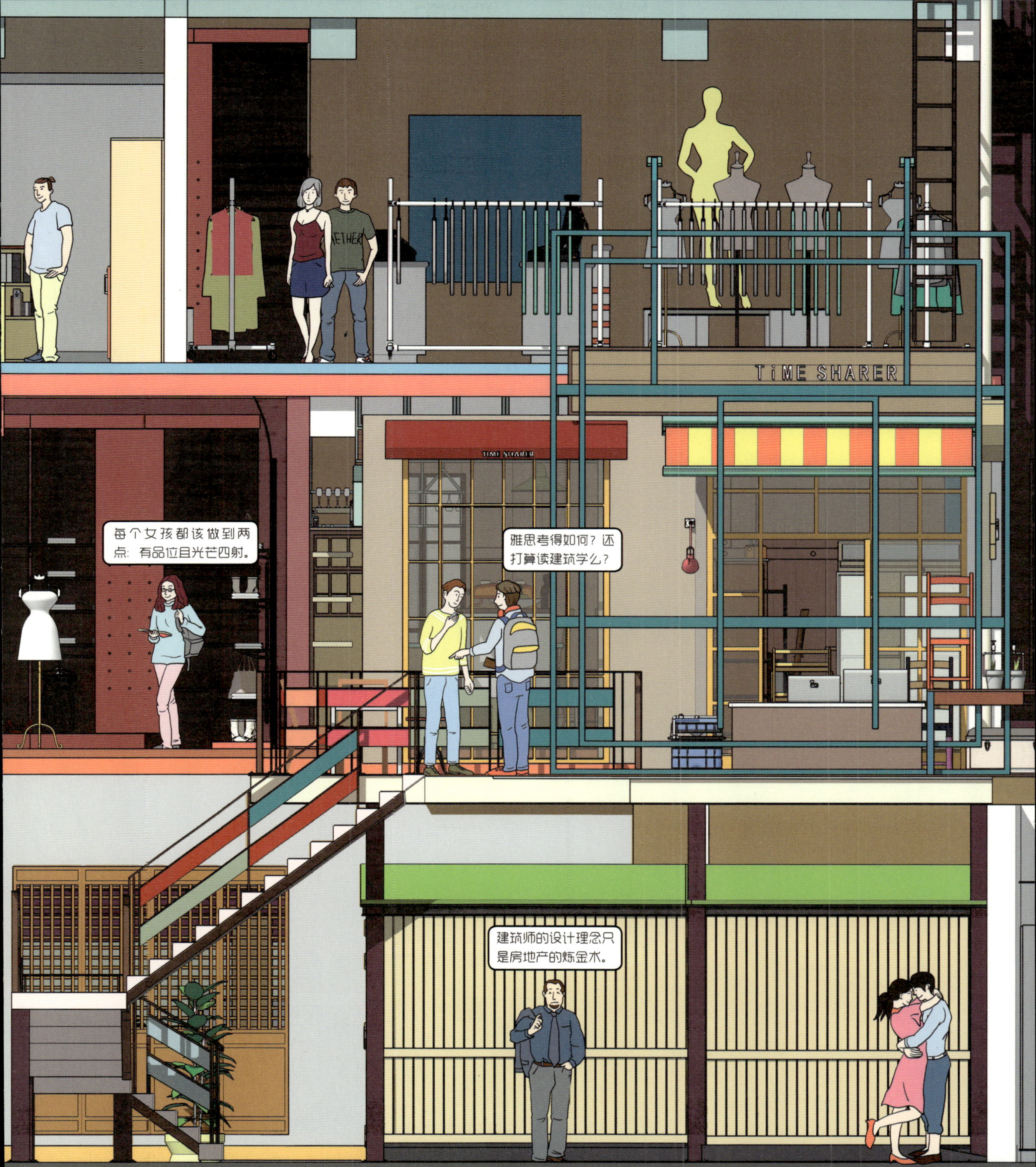
TiME SHARER
每个女孩都该做到两点：有品位且光芒四射。
雅思考得如何？还打算读建筑学么？
建筑师的设计理念只是房地产的炼金术。

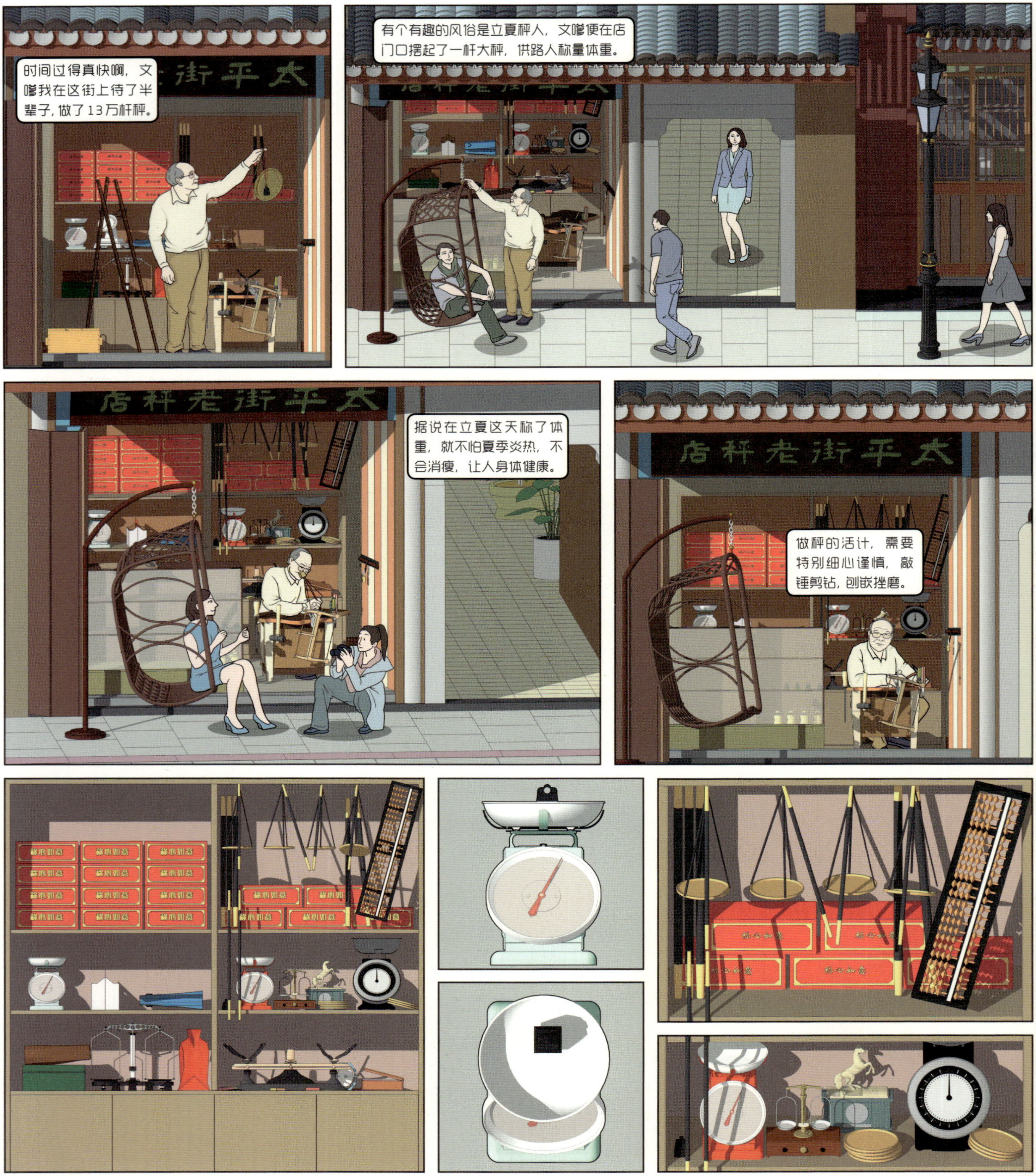
时间过得真快啊，文嗲我在这街上待了半辈子，做了13万杆秤。
有个有趣的风俗是立夏秤人，文嗲便在店门口摆起了一杆大秤，供路人称量体重。
太平街老秤店
据说在立夏这天称了体重，就不怕夏季炎热，不会消瘦，让人身体健康。
做秤的活计，需要特别细心谨慎，敲锤剪钻，刨嵌挫磨。

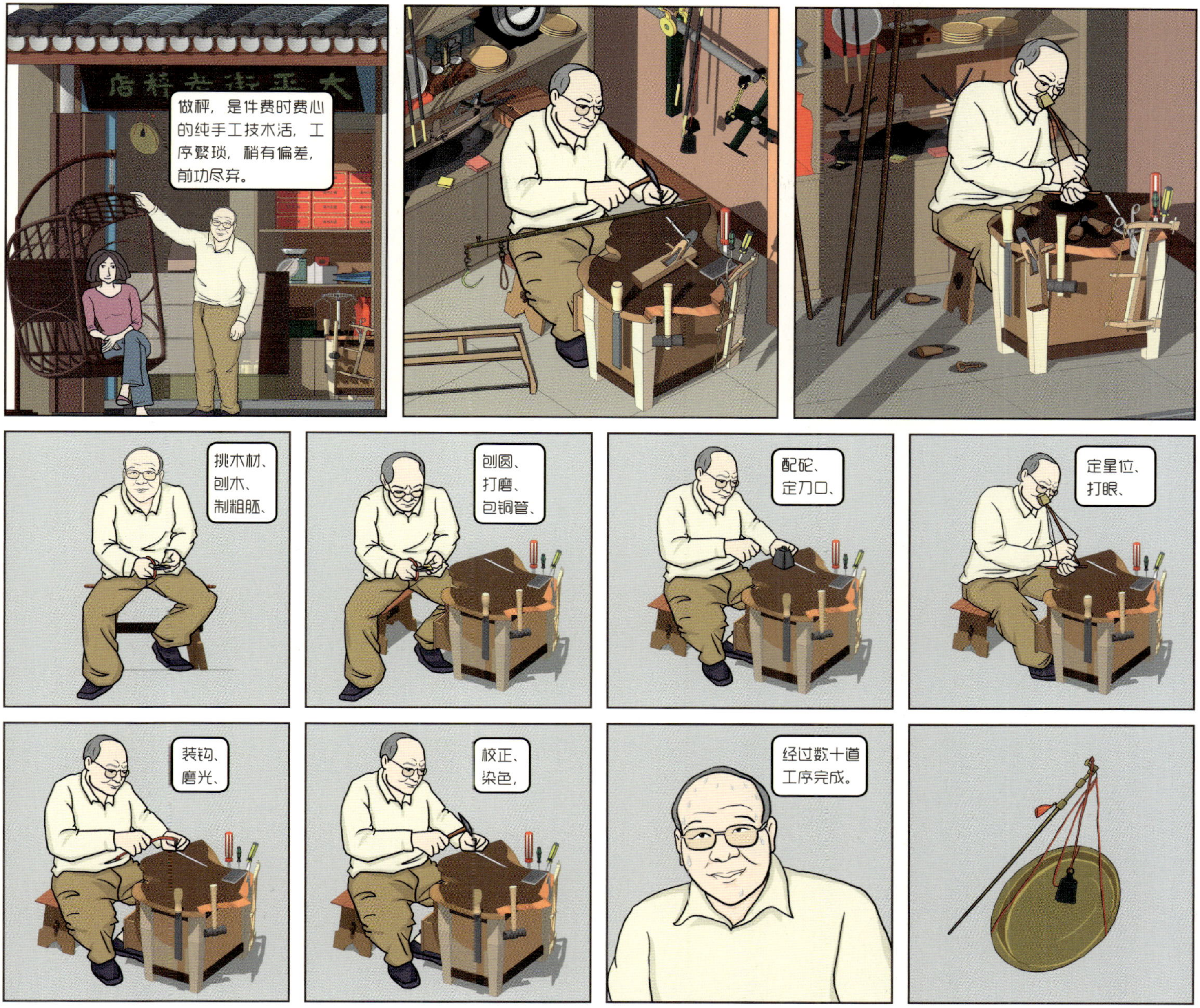

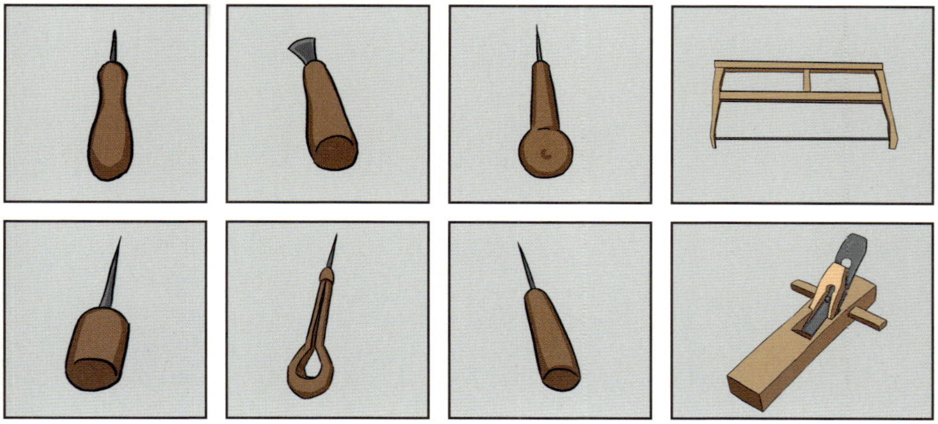

这里并没有炫酷以及光彩夺目的灯箱，店铺面积也并不如街上其他的大，门头上挂着一块朴实的黑色招牌，用书法刻着“太平街老秤店”几个字，虽显得有些陈旧，但这种古朴厚重的气息却更加让人觉得珍贵。老秤店店面虽小，可人气不少，店内大大小小陈设着各类秤，最抢眼的是摆在门口的一把“巨秤”，我们可以看到这把秤的一头是一个竹子编织的篮子，另一头挂着个巨大的秤砣，这个篮子可以使一个成年人稳稳当当地坐上去，它是称重的，很多游客便争相排队体验，其实古代就有“立夏称人”的典故，后来演变成了一种习俗。

有句话说，了解一个城市就要去它的菜市场里。实际上每一个城市的菜市场都保留了最真实的生活面貌，它毫不做作、毫无掩盖地将朴实的生活形态呈现了出来，不管是人物的行为、穿着、甚至语言。菜市场是人们经常出入的场所，不管你是什么职业、什么收入、什么年龄，在我们的生活中，它都占有着举足轻重的地位。也许我们平时并不会在意它的存在，那是因为它的存在是如此理所当然。这里提供了我们每一天的食材，成就了千家万户美味的厨房。

càishìchǎng

菜市场

菜市场像一个剧场，有着世间百态的缩影。嗲嗲娭毑晨练完，在菜场里与小贩讨价还价。下班后的年轻情侣也会到菜市场挑挑选选，做一顿温馨的晚餐。
我觉得，跟你讲话肯定会让我有些紧张。
这些图片看得我都饿了，你快点些吃的。
能认识你这个好姑娘，大概是我上辈子拯救过世界吧!
你也买这个了，可新鲜了。
太平街菜市場
活鱼专卖

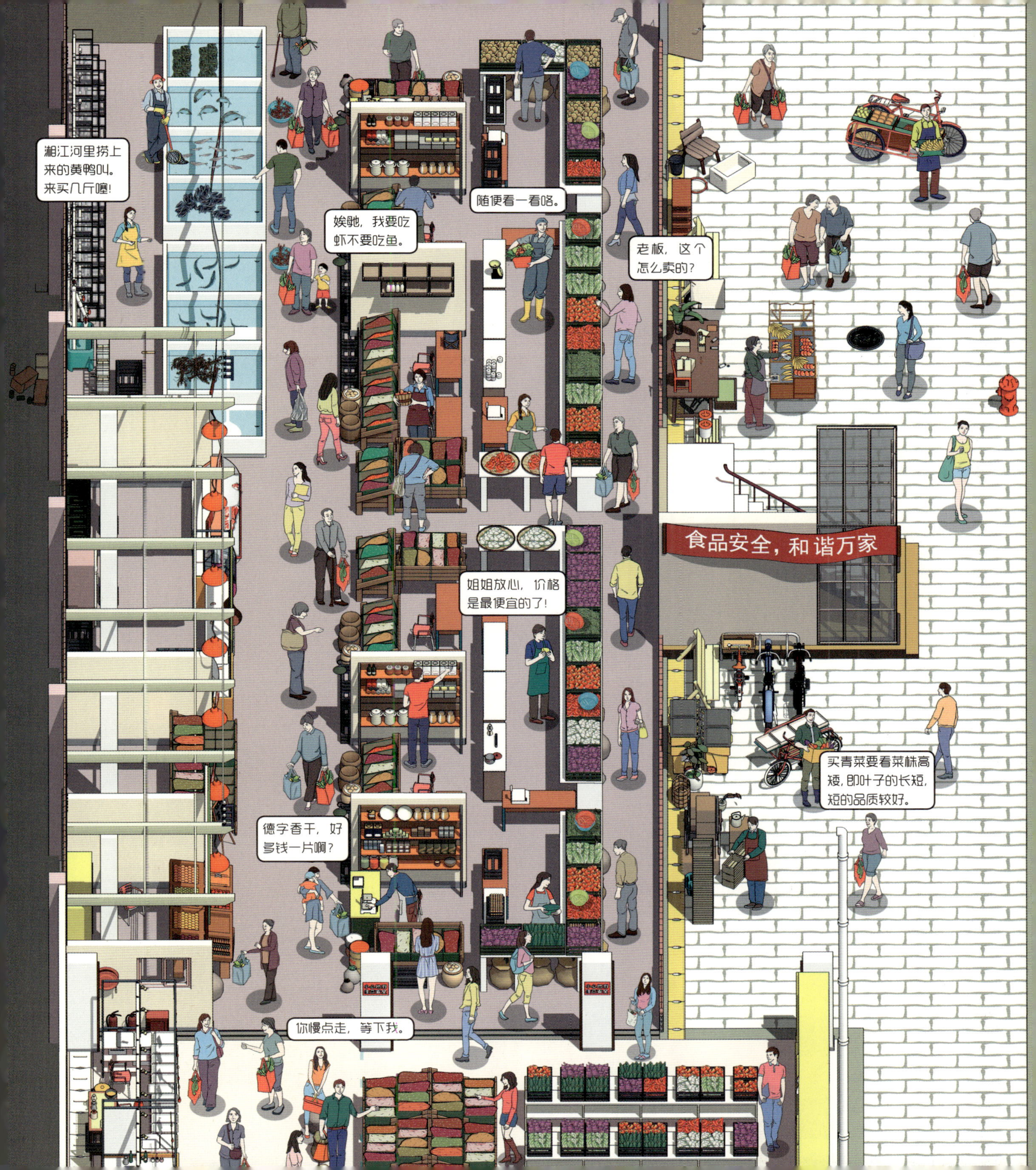
湘江河里捞上来的黄鸭叫。来买几斤噻!
娭毑，我要吃虾不要吃鱼。
随便看一看咯。
老板，这个怎么卖的？
食品安全，和谐万家
姐姐放心，价格是最便宜的了!
德字香干，好多钱一片啊？
买青菜要看菜株高矮，即叶子的长短，短的品质较好。
你慢点走，等下我。

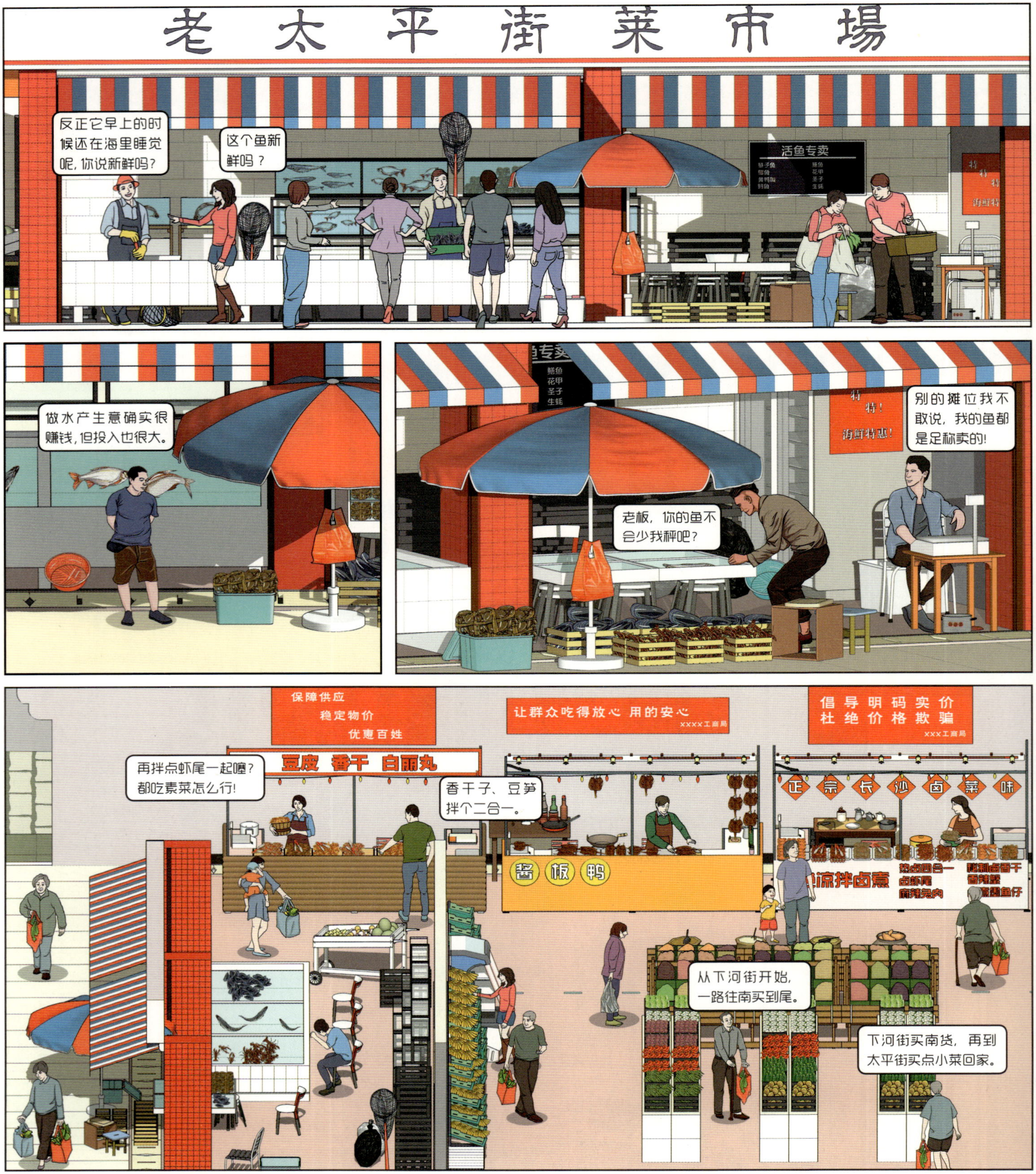
老太平街菜市場
反正它早上的时候还在海里睡觉呢，你说新鲜吗？
这个鱼新鲜吗？
活鱼专卖
特特！海鲜特惠！
做水产生意确实很赚钱，但投入也很大。
别的摊位我不敢说，我的鱼都是足称卖的！
老板，你的鱼不会少我秤吧？
保障供应
稳定物价
优惠百姓
让群众吃得放心 用的安心
XXXX工商局
倡导明码实价
杜绝价格欺骗
XXX工商局
豆皮 香干 白丽丸
再拌点虾尾一起噻？都吃素菜怎么行！
香干子、豆笋拌个二合一。
酱板鸭
正宗长沙卤菜味
凉拌卤煮
热卤四合一
卤虾尾
麻辣兔肉
秘制卤香干
香辣蟹
酱鱼仔
从下河街开始，一路往南买到尾。
下河街买南货，再到太平街买点小菜回家。

低价生鲜 质量保证
今天特价
做生意靠的是自己，得从失败中汲取经验，慢慢积累！
不瞒你说，我这菠萝腌后来吃特别脆，不过就看你会不会腌了？
那你告诉我怎么个腌法？
卖菜的小贩，全是看人下菜碟，根本不存在所谓的童叟无欺。
这就帮你装好。
老板，全部称了！不过坏的不要。
小心地滑 注意安全
小心地滑 注意安全
这地方我这么熟悉？老顾客了呗。
那要起早买呀！
要吃生的，口感好的，就买粉红色番茄。
有机蔬菜就是贵！

便民水果店
刘老板： 13xxxxxxxx
爱国
法制
诚信
拿个塑料袋给我，这个草莓多少钱一斤？
都是新鲜的，我卖得便宜，你今天买就很划算。
老口子猪肉
宁乡土花猪 猪中大熊猫
是不是看我好欺负，不割瘦肉的偏割肥肉！
老板，你这肉皮和油层比较厚实，一看就新鲜。
宁乡花猪
优质配种
干辣椒和花生米帮我称两斤，磨成粉。

依法诚信经营 共建和谐社会
这条不行，这条三十五一斤，你看这条多新鲜呀！
这个你也是三十一斤吧？

春发、夏长、秋收、冬藏。每一个季节都有它独有的味道，该吃些什么，套用这样一句三字经便好：“春吃芽，夏啃瓜，秋食果，冬嚼根。”既美味又养生，最正宗的长沙味道，是菜市场里买原材料，长沙人自家做的家常菜。
依法诚信经营 共建和谐社会
不瞒你说，我的西红柿又红又甜！
我买三个试试。

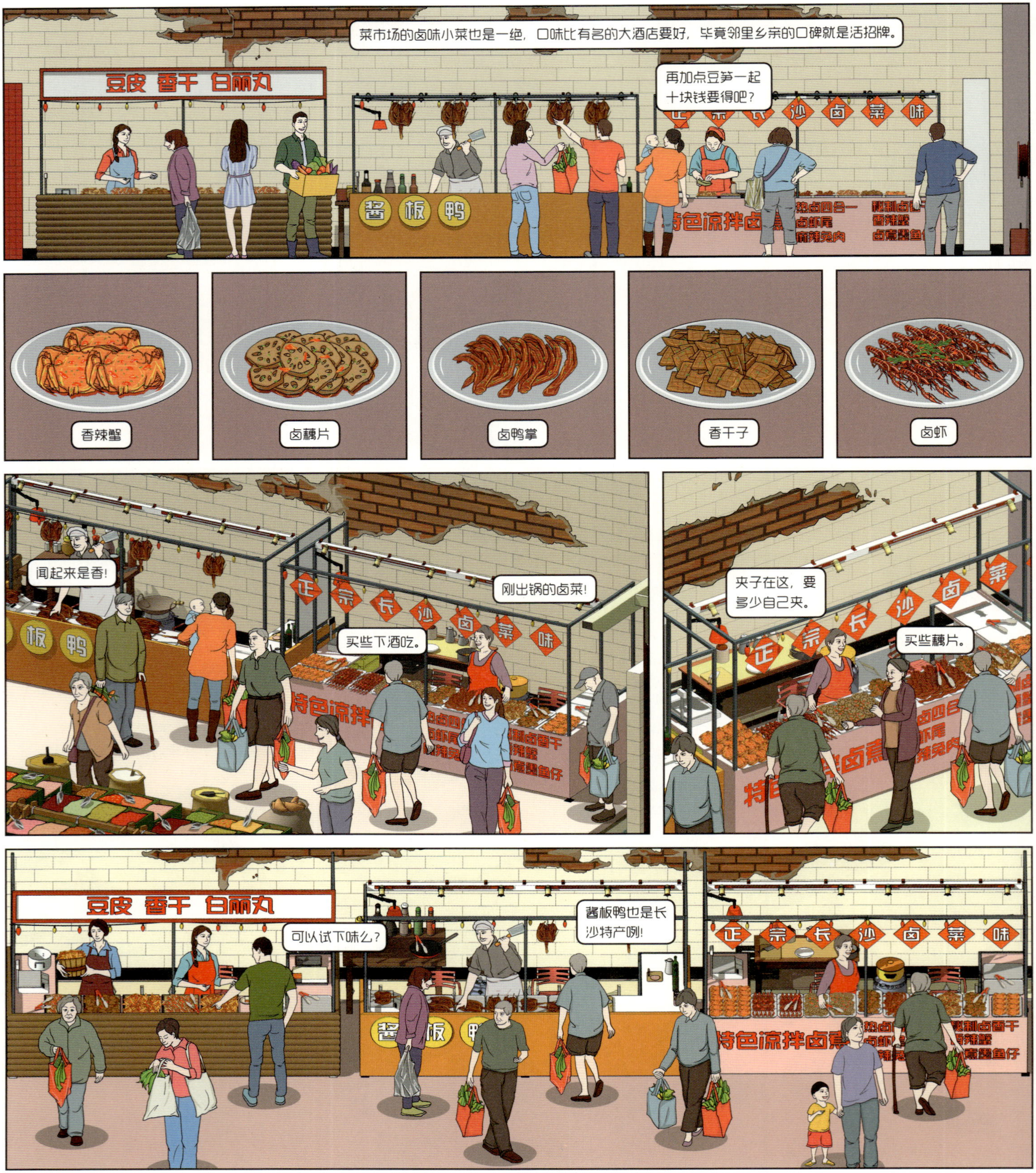
菜市场的卤味小菜也是一绝，口味比有名的大酒店要好，毕竟邻里乡亲的口碑就是活招牌。
豆皮 香干 白丽丸
再加点豆笋一起十块钱要得吧？
正宗长沙卤菜味
酱板鸭
香辣蟹
卤藕片
卤鸭掌
香干子
卤虾
闻起来是香！
刚出锅的卤菜！
买些下酒吃。
夹子在这，要多少自己夹。
买些藕片。
豆皮 香干 白丽丸
可以试下味么？
酱板鸭也是长沙特产咧！

下次还帮我留几条好鱼咯!
捞那条大的!
家里油快用完了，还可以在杂粮店打点散油。
红富士
2.8一斤
火龙果
3.5元一斤
蜜柚
1.2元一斤
香蕉
6毛一斤
尽量选圆的，没有破皮的，越圆的越好削。
多选点尖辣椒，皮薄的辣味重。

一般菜市场凌晨 4 点是来货时间，要买新鲜的菜要赶早，还可以和人吹，我见过凌晨四点的长沙，不过是为了买到最新鲜的菜。走进菜市场，生鲜的味道迎面扑来，觉也醒了。长沙的夏天，是口味虾的季节，选虾也有讲究，老口子告诉你怎么选，外表发红发青的比较干净，把虾翻过来捏一捏，手感紧实的肉多，吃起来口感好。体验最正宗的长沙生活，清早起来转一圈菜市场，长沙的活色生香就摆在你面前了，只等你细细去品味。
新不新鲜一闻就知道，新鲜的肉闻起来是有点腥味的。
老口子猪肉
菇类不新鲜会有一种微微的酸的味道。
这芹菜叶子稀的比较好吃。

依法诚信经营 共建和谐
老板给我选那条游得快的!
这菜不是很好呀,你看,还有虫的呢!
食品安全,和谐万家

民国时期四大行之一的农民银行长沙分行，地址设在太平街。如今，在这条充斥着大香肠和臭豆腐味道的美食街里，早已寻不到它当年的踪迹。但位于太平街中心位置，那面久经风雨的山墙上，悬挂着“农民银行”四字的建筑，却依旧向人们讲述着那段乱世中的金融史。

nóng mín yín háng

农民银行

农民银行位于太平老街的中段，西牌楼与太平街交汇的东北角，农民银行为民国初年优秀的历史建筑，如今它已经得到了良好的使用，一楼已经入住一家咖啡馆，让这座建筑在时代中得到了新的生命和继承，同时与太平街一起在历史的长河中走到今日。
農民銀行
我们这无忧无虑的生活足以令人羡慕。
農民銀行
刘老板你事情还没办妥啊？
快了哟。

街区在居民眼中，则是精神与文化共融的"家园"。
等会就去宜春园听戏。
您太客气了！这是我的工作。
还是省城繁华！
有一种胜利叫撤退。
有一种失败叫占领。
恰同学少年，风华正茂。

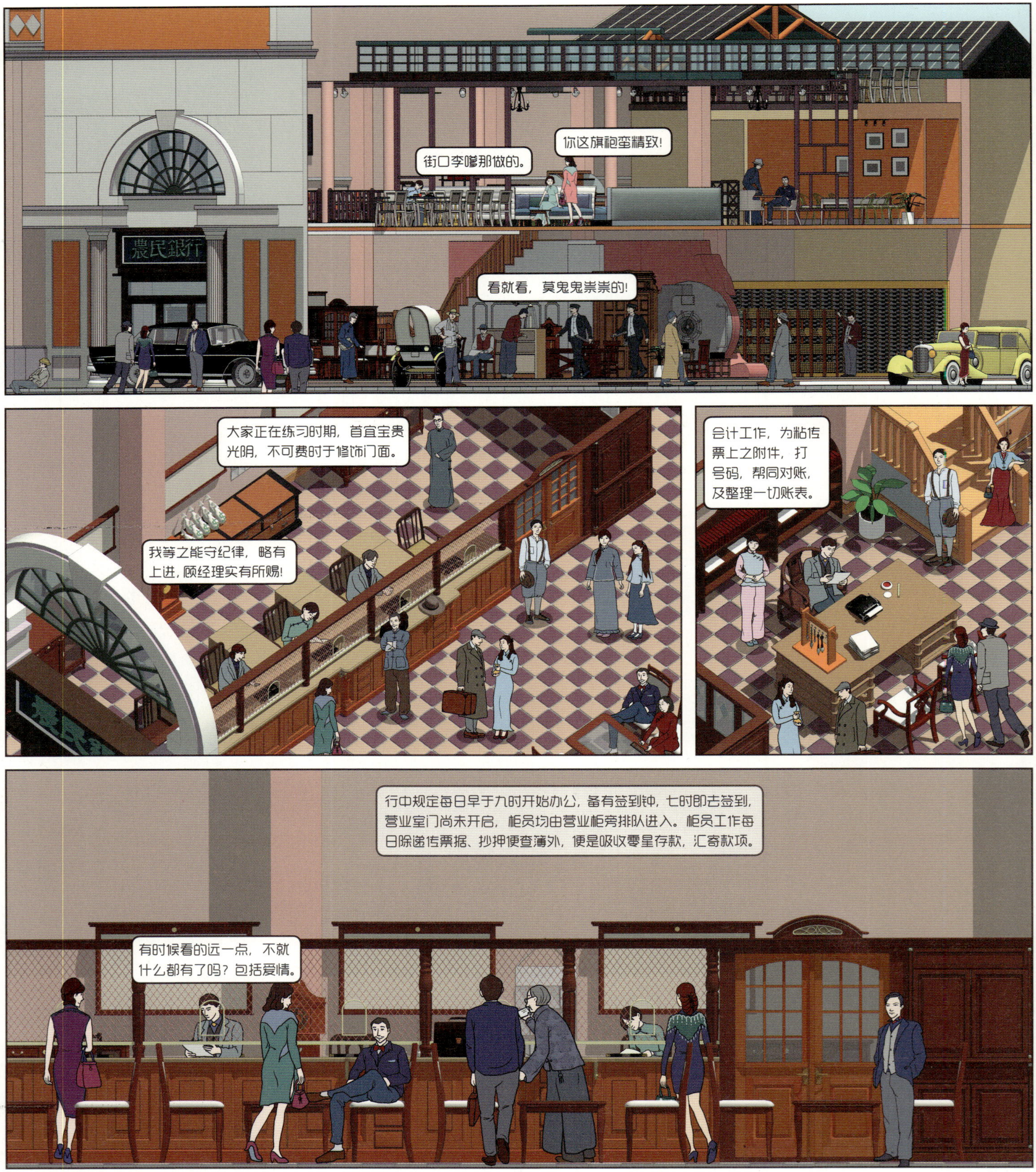
農民銀行
你这旗袍蛮精致!
街口李嗲那做的。
看就看，莫鬼鬼祟祟的!
大家正在练习时期，首宜宝贵光阴，不可费时于修饰门面。
我等之能守纪律，略有上进，顾经理实有所赐!
会计工作，为粘传票上之附件，打号码，帮同对账，及整理一切账表。
行中规定每日早于九时开始办公，备有签到钟，七时即去签到，营业室门尚未开启，柜员均由营业柜旁排队进入。柜员工作每日除递传票据、抄押便查簿外，便是吸收零星存款，汇寄款项。
有时候看的远一点，不就什么都有了吗？包括爱情。

这次这笔款到了，
又能撑段时间了。
不为那点特权，
谁愿当官儿啊！
農民銀
一升美孚散装汽油抵得过两
个月口粮，还是要少开车呀！
人啊，此一时彼一时！
夫人，事情办好了。
放心，我们
都看了的。
你们多注意下，
等下要开库。
财帛动人心啊，这世道还是金条值钱！

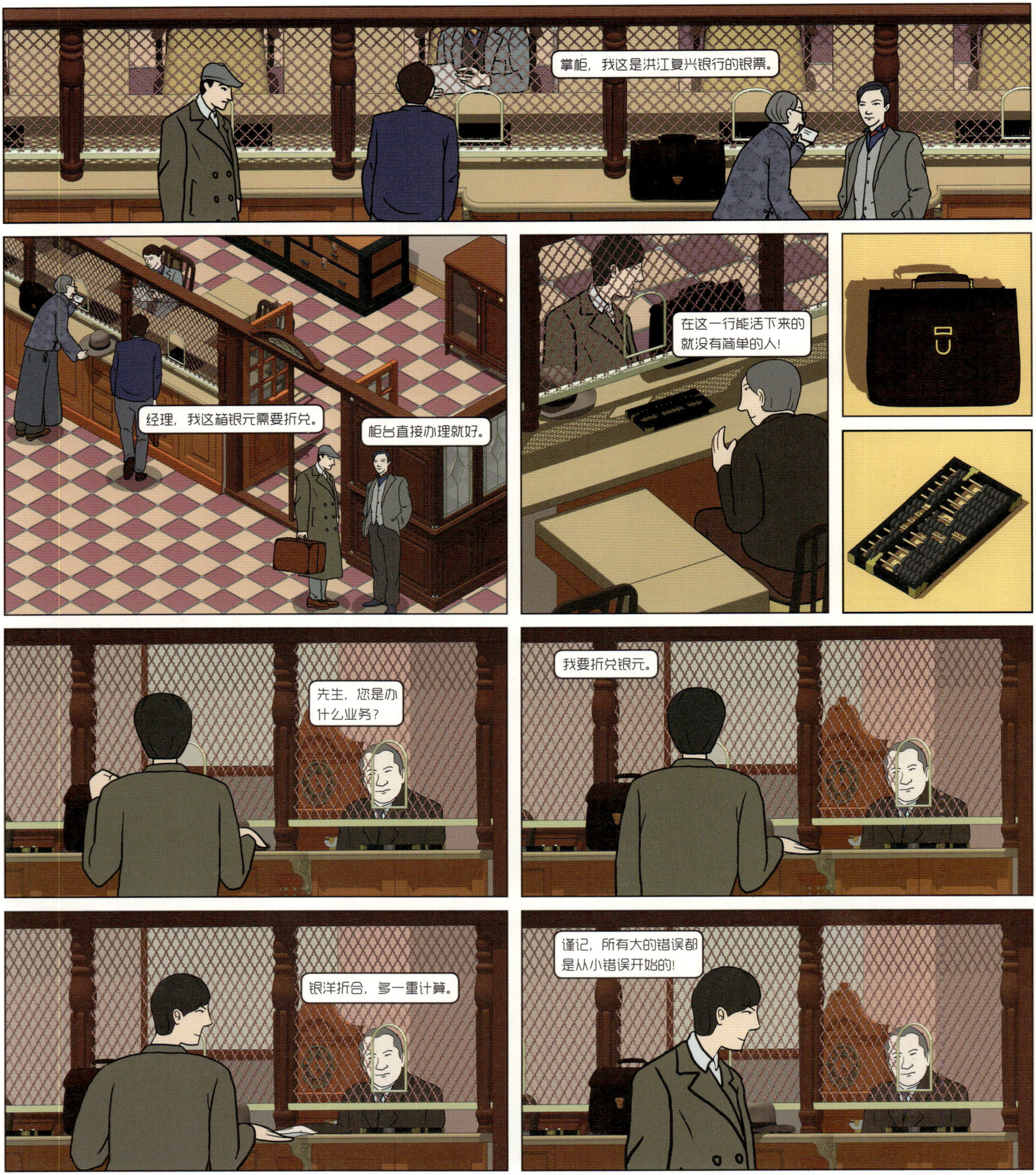
掌柜，我这是洪江复兴银行的银票。
经理，我这箱银元需要折兑。
柜台直接办理就好。
在这一行能活下来的
就没有简单的人！
先生，您是办
什么业务？
我要折兑银元。
银洋折合，多一重计算。
谨记，所有大的错误都
是从小错误开始的！

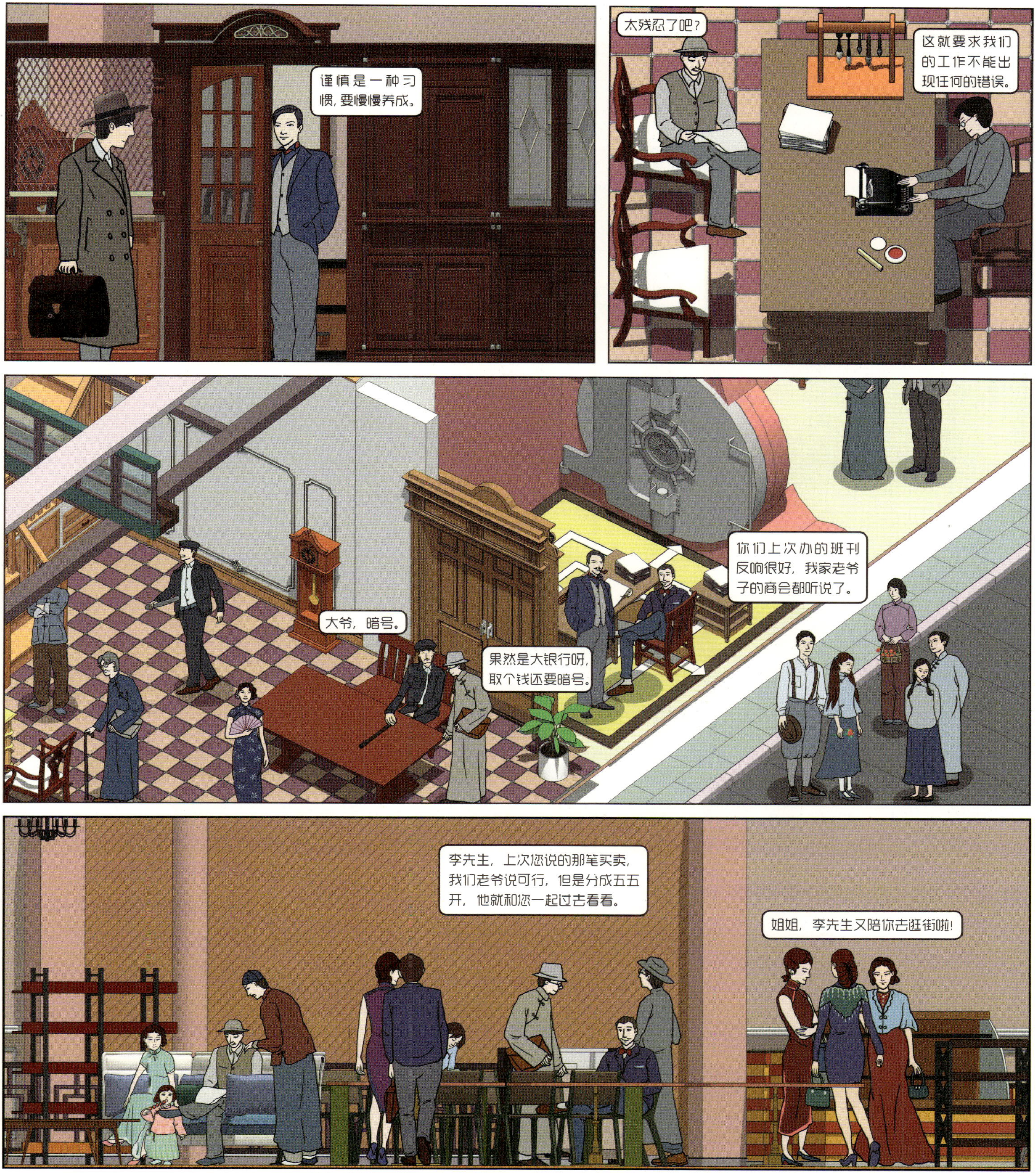
谨慎是一种习惯，要慢慢养成。
太残忍了吧？
这就要求我们的工作不能出现任何的错误。
你们上次办的班刊反响很好，我家老爷子的商会都听说了。
大爷，暗号。
果然是大银行呀，取个钱还要暗号。
李先生，上次您说的那笔买卖，我们老爷说可行，但是分成五五开，他就和您一起过去看看。
姐姐，李先生又陪你去逛街啦！

農民銀行
自信心有多强，
能力就有多强!
成功不是方
法是想法。
既然你不能分清真伪，
那么假的又如何?
MANGOSIX COFFEE & DESSERT
曾经我们的生活离
不开建筑，现在我
们更离不开建筑。
怎么不说话?
嘘，我要听你的呼吸声。

成功不是条件是信念。
容易相信的人比不容易相信的人易成功。
做“案例”不要让爱你的人等得太久。
不要让恨你的人笑得太久。
我父亲进入农民银行后，就住这条街，我从小起到现在一直住在这里，转眼已经70多年了。
COFFEE & DESSERT
随着消费者需求的变化，饮品面临着不断的升级。
COFFEE & DESSERT
如果没有一杯咖啡，我的一天就没有开始。

MĀ MĀ CHÁ
我说，不如将这里改造成茶饮店。
目前，国内茶饮料市场有700亿至800亿元份额。
我们来开个小型会议。
我还需要份华夫冰淇淋。
关系特别不可靠，做生意不能凭关系。
你的目标完成了吗？
差不多了吧。只差一个亿。
先定一个小目标。
比如，挣它一个亿。

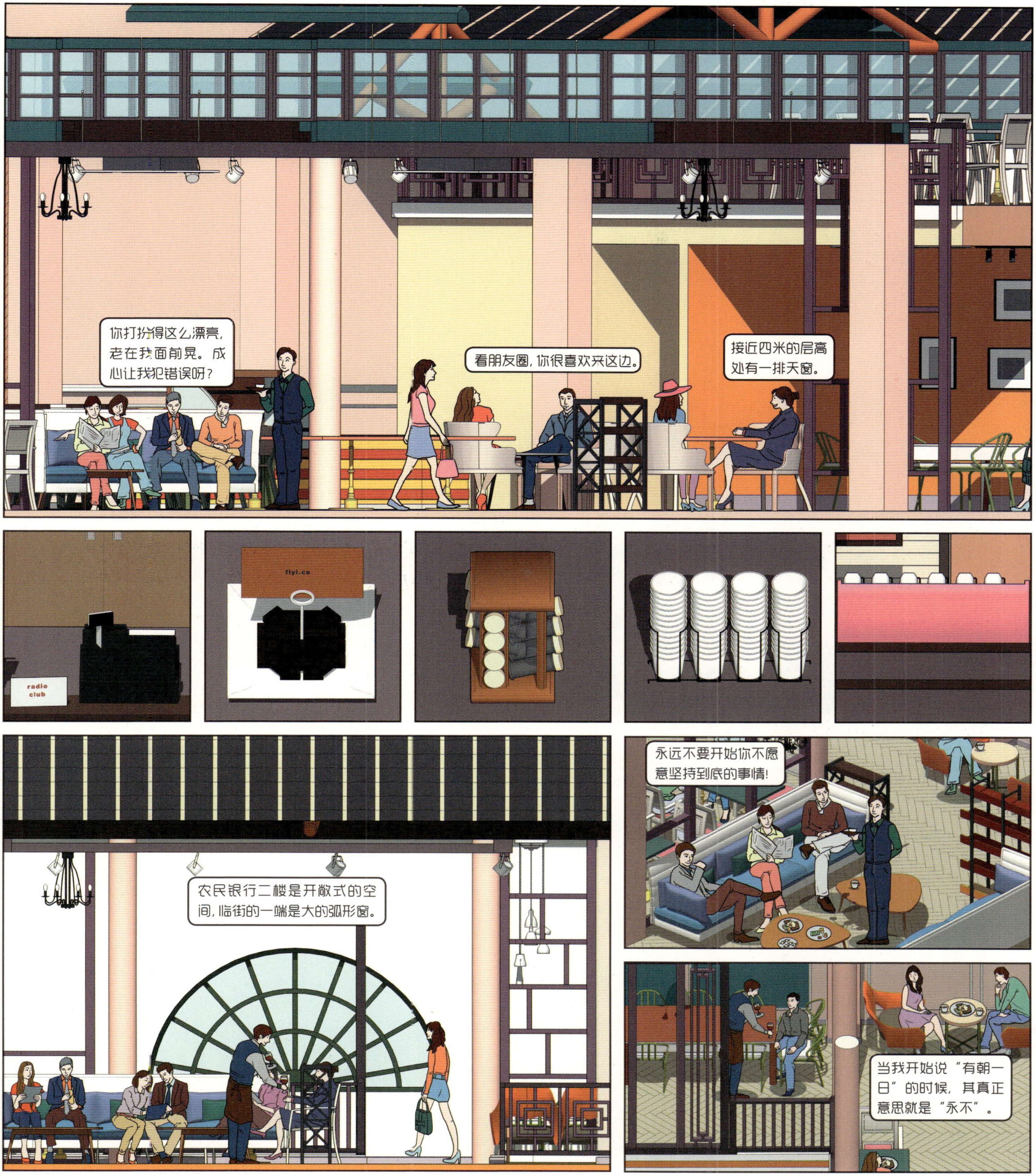
你打扮得这么漂亮，
老在我面前晃。成
心让我犯错误呀？
看朋友圈，你很喜欢来这边。
接近四米的层高
处有一排天窗。
radio
club
flyi.co
农民银行二楼是开敞式的空
间，临街的一端是大的弧形窗。
永远不要开始你不愿
意坚持到底的事情！
当我开始说“有朝一
日”的时候，其真正
意思就是“永不”。

这座中心街口的戏台，是清朝光绪三十四年（1908年）一位姓沈的商人修建的，是湖南第一家湘剧戏院“宜春园”的老戏台。戏院戏台与北京的著名戏园宜春园、同春园一脉相承，集茶馆与戏园于一体，清光绪年间曾风靡长沙城。

yí chūn yuán

宜春园

一个人的伟大，并不是说作出了多少贡献。
而是面对诱惑的时候懂得放弃。
哪个姑娘不想拥有一支口红？
哪个女人不想占有一套房子和一个男人？
慷慨付出的，便是经常得到的。

MANGO
我不懂电脑，销售也不在行，但是公司里有人懂就行了。
互联网像一杯啤酒，有沫的时候最好喝。

宜春园古戏台，位于太平街 106 号，在太平街与西牌楼街交汇处。清光绪年间开业，集茶馆与戏园于一体，深青色的瓦片、朱红色的台柱、金色的雕饰，构成了肃穆沉稳的宜春园戏台。现在，戏台子的使用率并不高，但是它也歌舞升平，并已经形成了每晚六点到八点的“太平盛世”舞会，台上一分钟台下十年功，确实台下好不热闹。这里每晚准时上演舞林争霸，娭毑嗲嗲们灵活的舞姿，比专业老师更有情感。宜春园这一片区域，一到晚上就格外热闹。小孩追逐打闹，模仿着大人们舞蹈，显得格外灵活可爱。

想当初，母女失散在乱世，苦伶仃，幸遇蒋郎保性命。
这个是什么戏？
是《拜月记》。
陀满哥哥，陀满哥哥在哪里？
瑞莲妹妹！
戏班的伴奏，是一场精彩的剧目不可缺少的灵魂导向。
小鬼头，你的春心动也！

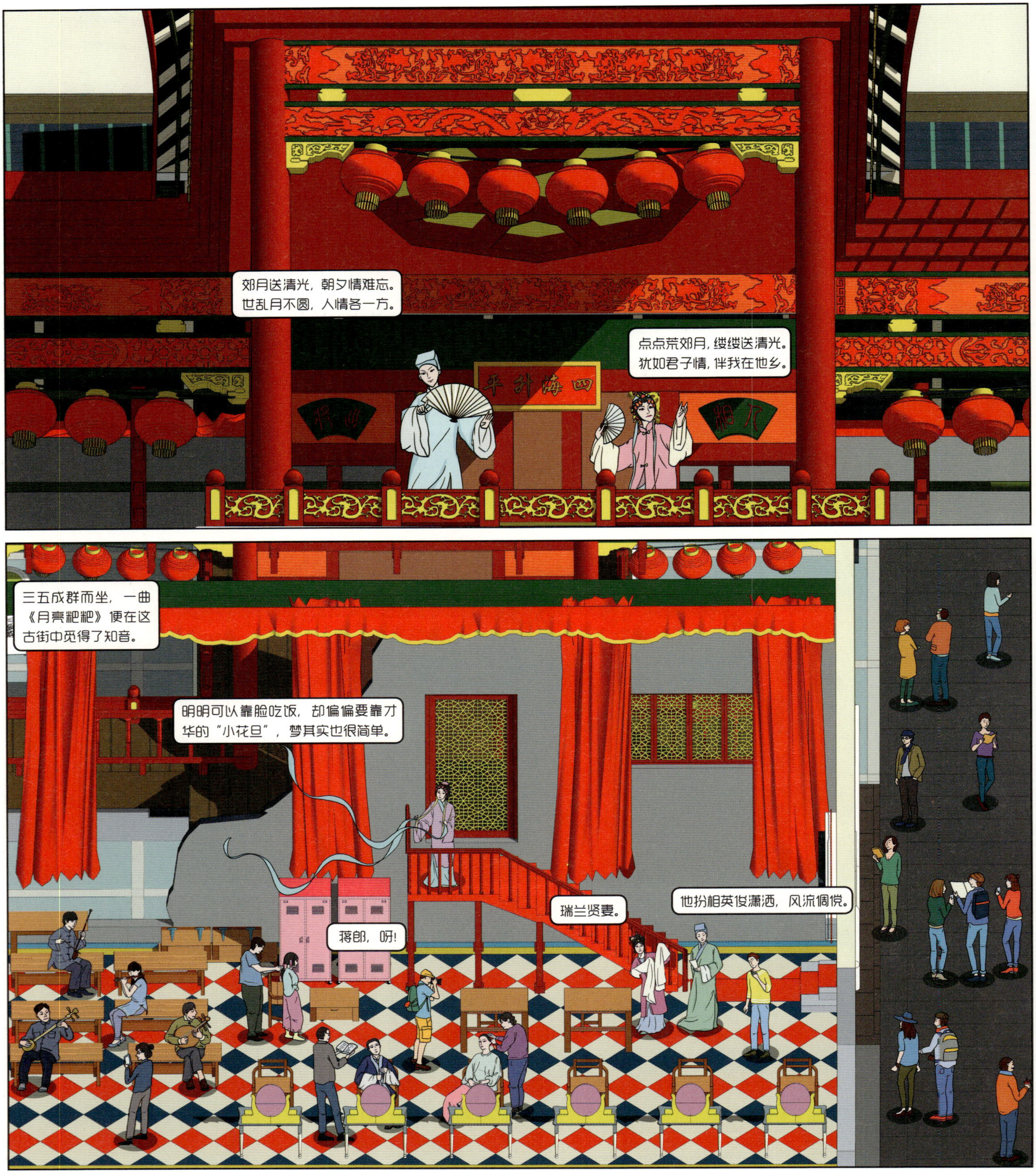
郊月送清光，朝夕情难忘。世乱月不圆，人情各一方。
四海升平
点点荒郊月，缕缕送清光。犹如君子情，伴我在他乡。
三五成群而坐，一曲《月亮粑粑》便在这古街中觅得了知音。
明明可以靠脸吃饭，却偏偏要靠才华的“小花旦”，梦其实也很简单。
蒋郎，呀!
瑞兰贤妻。
他扮相英俊潇洒，风流倜傥。

据说当年是只卖茶不卖戏票，看着眼
前这青黑色筒瓦、朱红色木构、雕
花贴金的老戏台，想象着当年那丝
竹之声响彻耳畔，香茗之味流连齿
间的“视听之娱”，多么的雅致风流。
瑞莲妹妹要上场了。
吊眉
描唇
系头带
勒头带
贴大柳
戴点翠头面

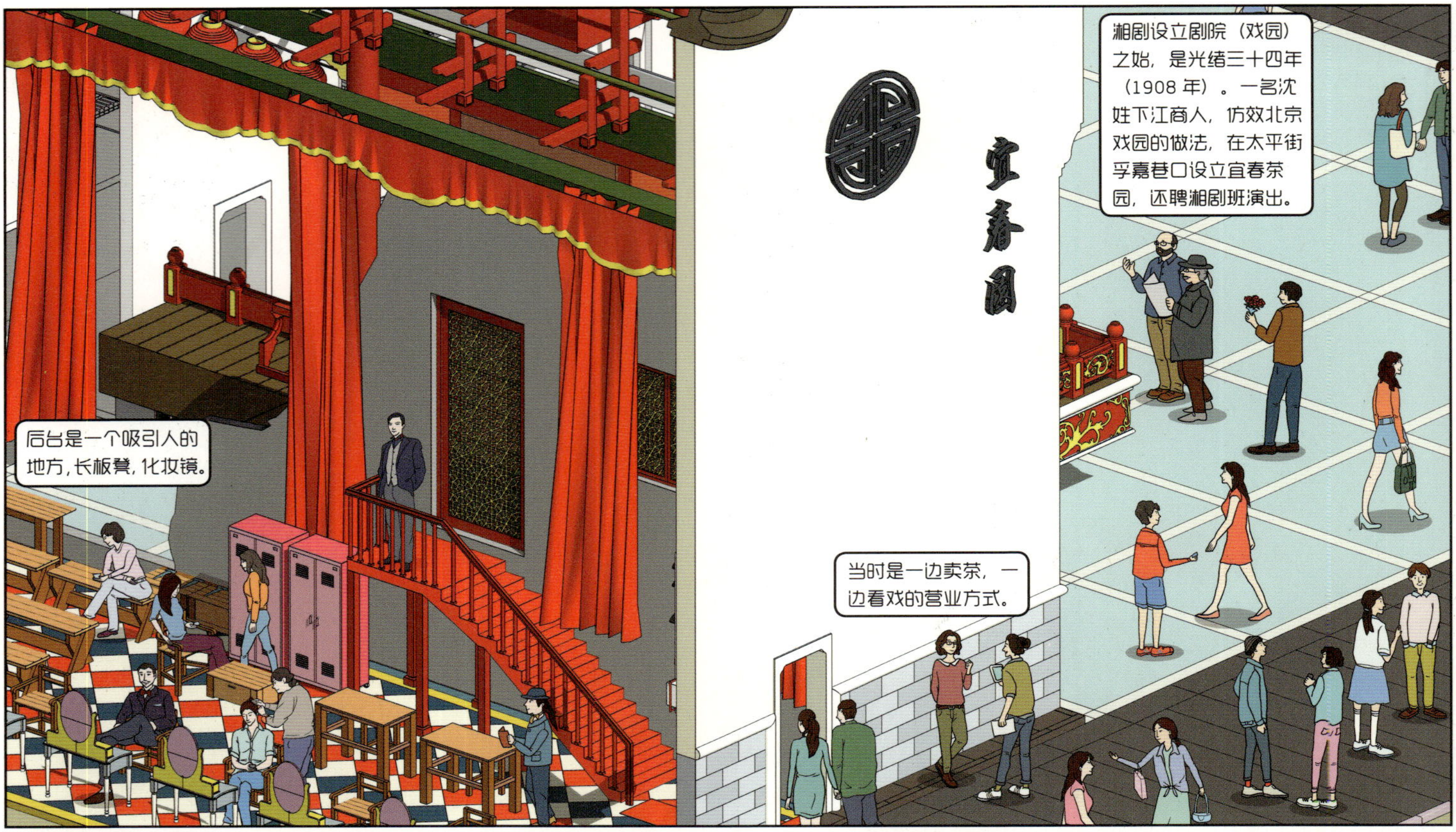
湘剧设立剧院（戏园）之始，是光绪三十四年（1908 年）。一名沈姓下江商人，仿效北京戏园的做法，在太平街孚嘉巷口设立宜春茶园，还聘湘剧班演出。
宜春园
后台是一个吸引人的地方，长板凳，化妆镜。
当时是一边卖茶，一边看戏的营业方式。

今天我开了一个洗脚城，地点就在金盆岭。金盆洗脚！
开张了啊，金盆洗脚城。董事长、总经理、出纳、会计、迎宾、保安全是我家里的人啊？

头一天开张，社会各界的名流全来捧场，有我爹爹啦、娭毑、外公、外婆、舅舅、舅妈、伯父、伯母、大伯、二伯、三百四百五百……么子？
来了个外宾呢，一开口就是一句外语，打发点咯。
一七得七呀，二七四十八呀，三八妇女节，五一劳动节，六一我爹过节。
你给我出来！你这老板什么文化哩！

孚嘉巷位于太平街西侧，过宜春园戏台。这一带街巷老地，不仅蕴涵着丰厚的湖湘文化历史及湘楚风情遗存，孚嘉巷的小吃美食还真是多！烧烤、油炸货、糖油粑粑、酸辣粉等，丝毫没有愧对“舌尖上的太平街”这个名头。

fú jiā xiàng
孚嘉巷

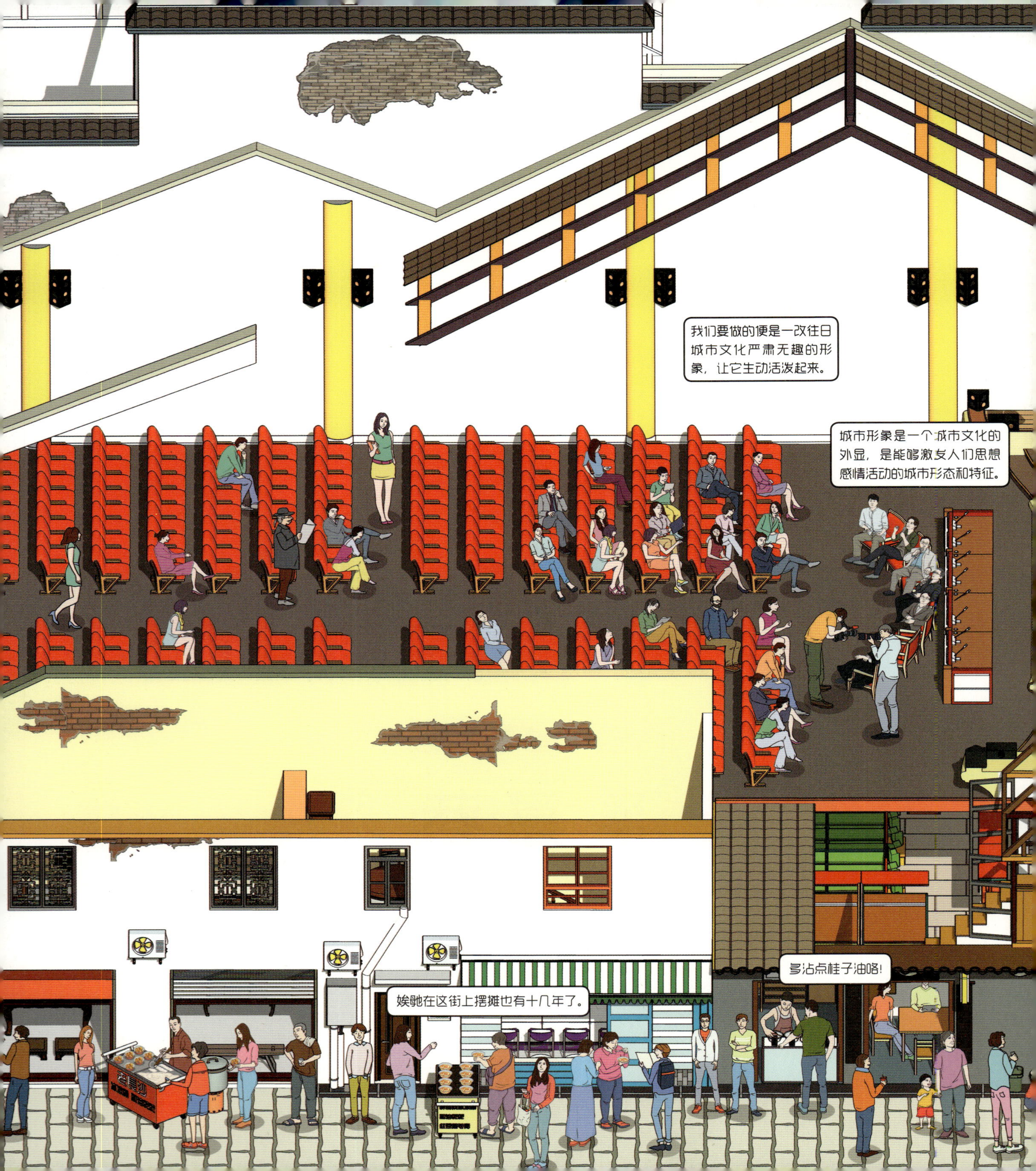
我们要做的便是一改往日城市文化严肃无趣的形象，让它生动活泼起来。
城市形象是一个城市文化的外显，是能够激发人们思想感情活动的城市形态和特征。
老長沙
娭毑在这街上摆摊也有十几年了。
多沾点桂子油咯!

我们对本土文化挖掘，进行再次设计。
这次展览突显了长沙的软实力。
增强消防意识 提高消防素质
老居民们在这里生活着，游人的增多使这片地方变得热闹起来。

老街居民的饮食起居、
休闲娱乐都在这里。
影院上三楼
太傅漆器
刚出锅的糖油粑粑哎，
大家都来尝一尝吧！
不朝前走，你永远不知道
前面有什么美食等着你。

如今的太平老街，更像是这座现代都市里一处异乎寻常的所在。
一根根雪白透亮的
米粉在一起互相缠
绕，上面放着特制的
酱汁、葱、红的辣椒。
卤粉

纯手工
冰凉粉 糖油粑粑
五块钱一碗八坨。
薛荔果冰凉粉
糖油粑粑
红豆龟苓膏
娭毑，我要一碗。

增强消防意识 提高消防素质
这里开了不少有特色的粉店和油炸店，吸引了许多吃货来这里。
去买菜么？
这条街上的年轻人多半是闻香而来的好吃族。
退休后，也没有其他营生渠道，于是，便摆起了这个路边摊。
奶奶我也要吃那个！

一碗热腾腾的肉丝米粉，加上美味可口的酸菜，足以让人幸福。
吃圆的还是吃扁的？
卤粉
经卤水等加工做出来的烟果槟榔，其口感和味道绝对让你回味无穷。
没有富丽堂皇的门面，也没有五彩缤纷的广告牌，靠手艺成为这座小城里的人们难以割舍的味道。
嗯
啊
韵味
选青果
切子
点卤水
晾干

糖油粑粑虽不能登大雅之堂，亦不能与山珍海味相媲美。但正是因其独特的口味、低廉的价格，得以出入平常百姓家，深受民众的喜爱，成为民间久吃不厌的小吃。
純手工
冰凉粉 糖油粑粑
李嗲我在这个街上也是个老字号了。
純手工
冰凉粉 糖油粑粑
揉
不停地揉
分剂子
炸！
选好放盘子里，交给我。
怎么买啊？
香么？宝宝也留口水了。
切片
穿串
调整
装盘

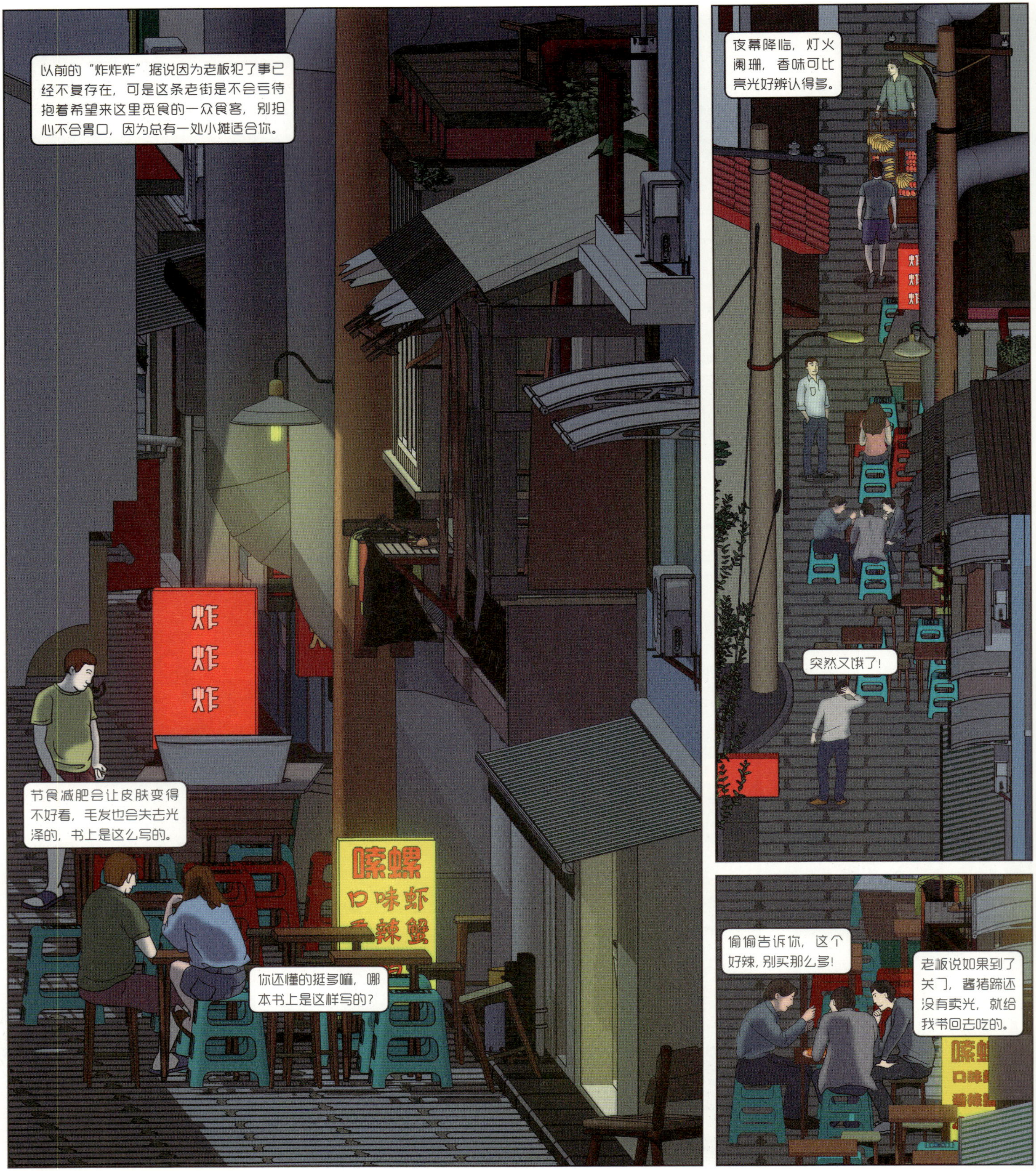
以前的"炸炸炸"据说因为老板犯了事已经不复存在，可是这条老街是不会亏待抱着希望来这里觅食的一众食客，别担心不合胃口，因为总有一处小摊适合你。
炸炸炸
节食减肥会让皮肤变得不好看，毛发也会失去光泽的，书上是这么写的。
嗦螺
口味虾
辣蟹
你还懂的挺多嘛，哪本书上是这样写的？
夜幕降临，灯火阑珊，香味可比亮光好辨认得多。
突然又饿了！
偷偷告诉你，这个好辣，别买那么多！
老板说如果到了关门，酱猪蹄还没有卖光，就给我带回去吃的。

我已经努力想做到最好了，所以别再和我说，这世界很公平。
算了算了，这样的女人，不要也罢，我们换家接着喝！
入夜，居民们也回到巷中，开始各自的生活。
我要呷李公庙的糖油粑粑。
夜深时刻，夜宵是这个地方最诱惑的存在。
哇！这个菜好辣！
不放辣椒会没味道呐。
吃夜宵你会长胖的！
没关系，我胖点结实。
哎，怎么都走了！我还没喝够。

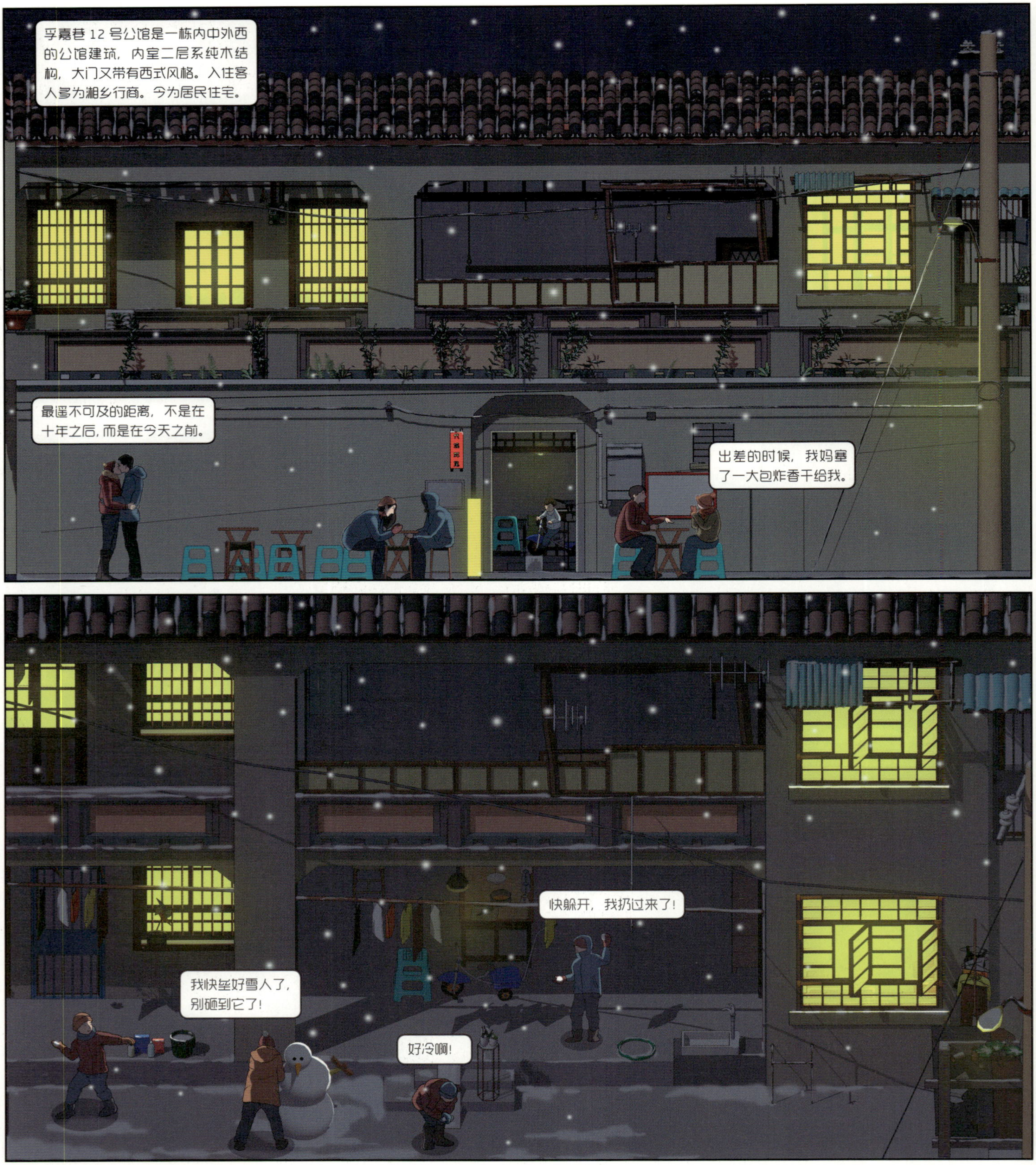
孚嘉巷 12 号公馆是一栋内中外西的公馆建筑，内室二层系纯木结构，大门又带有西式风格。入住客人多为湘乡行商。今为居民住宅。
最遥不可及的距离，不是在十年之后，而是在今天之前。
出差的时候，我妈塞了一大包炸香干给我。
快躲开，我扔过来了！
我快垒好雪人了，别砸到它了！
好冷啊！

这里可不止有商业气息。
崽崽不要玩了，爷爷要休息了。
爷爷，你不是最疼我的嘛？我要多玩会！
看，雪球！
你敢砸我！
看我弄个大的！
关于故乡的记忆，总会以最美的形式呈现。
接住，把球传过来！

长沙当代小青年，爱吃炸货已经成为必备属性了！而在长沙的太平老街上，有着一家味道好气氛佳的炸货店——老长沙油炸社！这不仅是一家油炸社，更像是一台时光机。一进门看到的都是一些老长沙的记忆，像是回到了小时候……

yóu zhá shè

油炸社

油炸货是长沙美食文化的代表产品，而在老太平街上有着一家味道与氛围极佳的炸货店——文和友老长沙油炸社。这家店是文和友创立以来的第一家店，每一串都传递着长沙人霸蛮、吃苦、耐烦、肯干的精神。进入这家店，会像进入了一台时光机，将你带回小时候老长沙的记忆之中……
有人就有恩怨，有恩怨就有江湖。
我不是不理你，我只是在等你先开口。
我上一次见到像你这么美的女孩，还是我昨天见你的时候。
冰 蛋 糕
我们做的大蛋糕都够二十个人吃！
榴莲冰室
兔肉
香辣蟹

文和友
太傅里
打开微博朋友圈，都是秀美食呀！
太平巷
冷饮
岳阳名茶
君山黄茶 安化黑茶
你莫跟我抢噻，你去排队买一份咯！
哇！快看这家店才是正宗独创的首家老长沙大香肠！
吃臭豆腐要多沾点汤汁。

油炸，这种外表有着爽脆硬壳，内心却松软美味，个性因着食材的不同而千变万化的食品，受到了许多人的钟爱。
原汁原味地回到了小时候，太棒啦！
菜单上的炸虾看起来蛮好的。
那就来一盘吧！
名茶
黑茶

先填下菜单。
酱汁调好了。
我先端这个出去。

如果你想一口气把它们都吃遍，可以选个大拼盘。
这里是文和友的第一家店诶!
我每次来太平街都要吃油炸社，喝啤酒。
和油炸社的相遇一生只有一次。
这里的香肠好吃到每天过来都要排队。
灶台上方的梁架摆放着旧时长沙灶屋的用具器皿。
只有浇汁的时候，才能听到隐隐的风雷声。
食材的新鲜决定了油爆虾的口感。

这里有老长沙的味道，在店铺名字后面加了个“社”字，“我们小时候的味道，你还记得吗？”这味道很独特，地道的长沙口味，油炸社配虾配牛肉用的都是自己配的酱料，吃的不仅仅只是辣。
文和友
老杨老杨，楼下已经卖光了，快点去补货，要上等的，不要考虑成本，仅最好的搞过来！
老长沙油炸社
油炸可选的食材很多，对于喜欢吃很多样式的人来说，油炸是极佳的选择，吃的样式多，价钱还不贵。
食材是美味之源呐！

诶？那她是每个菜就尝一口吧？
你看女神拍美食，偏偏她还怎么吃都不胖。
啤酒，是浇灭喉咙中辣椒燃烧的利器。

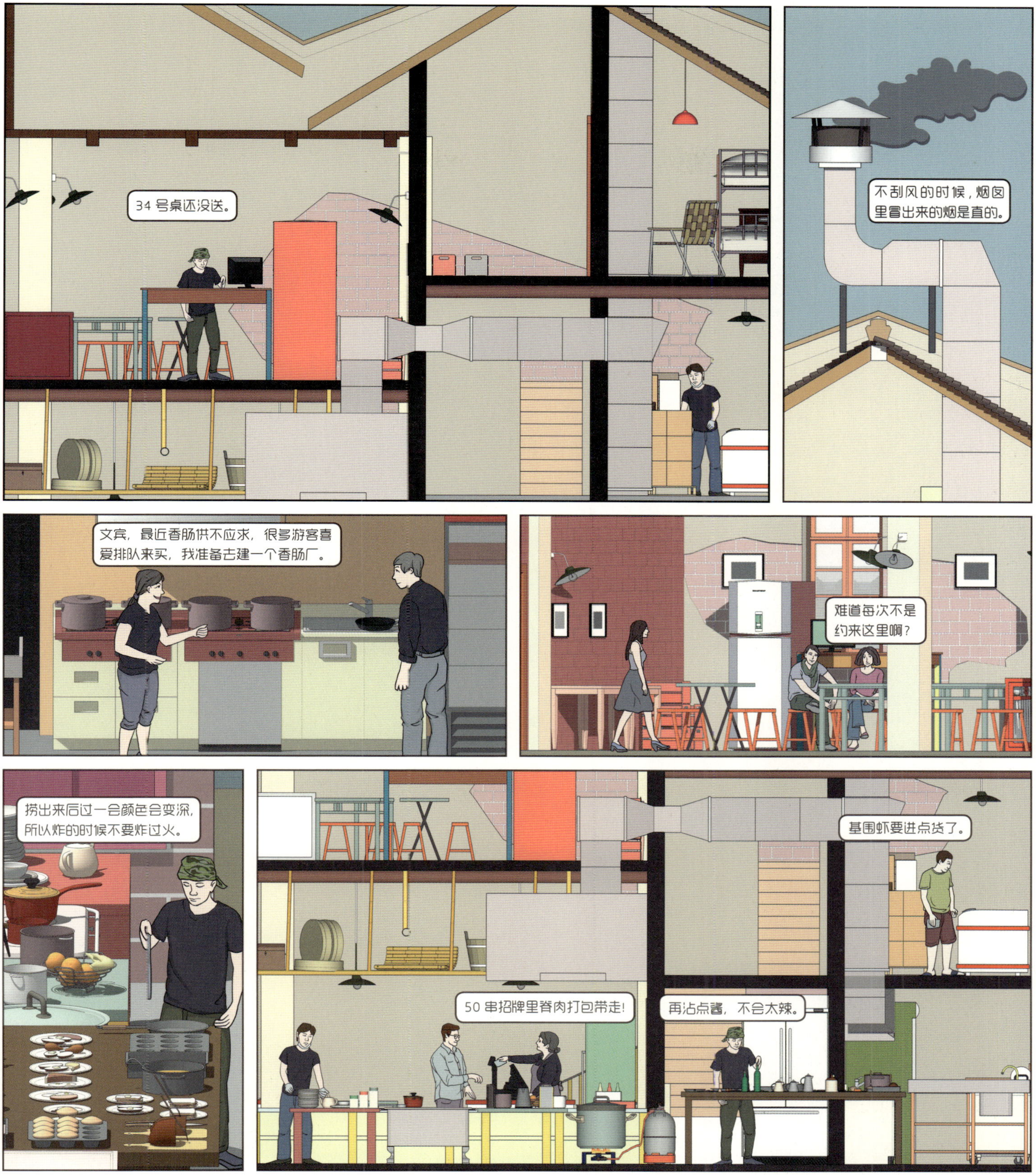

34 号桌还没送。
不刮风的时候，烟囱里冒出来的烟是直的。
文宾，最近香肠供不应求，很多游客喜爱排队来买，我准备去建一个香肠厂。
难道每次不是约来这里啊？
捞出来后过一会颜色会变深，所以炸的时候不要炸过火。
基围虾要进点货了。
50 串招牌里脊肉打包带走！
再沾点酱，不会太辣。

在两千多年的历史岁月中，贾谊故居大规模的修缮就有百余次。如今，古迹泯然，重修之后的贾谊故居隐于闹市，长怀井、贾太傅祠、太傅殿、寻秋草堂、古碑亭等，依然安静而祥和。在迎来送往之间，贾谊故居延续了长沙的城市文脉。

jiǎ yì gù jū

贾谊故居

贾谊故居是我国现存唯一纪念贾谊的文化设施，也是长沙标志性的文化遗产。
老板，这个橘子怎么卖咯？

百闻不如一见，听到的是假的，看到的才是真的！
大家不远千里从外地赶来长沙，贾谊故居一定不能错过。
贾谊故居位于太平街南端，临近解放路。每日开馆时间为8:30—16:30，每周一闭馆，进馆需凭身份证领票免费进入，因此长沙有了“屈贾之乡”的美誉。如今很多游客来此，了解长沙的文化历史。贾谊故居共三进，虽整体面积不大，但内部古朴精致，陈列了历代名人咏贾诗二十一首及明清重修故居碑文五篇。

贾谊（前 200—前 168），西汉初年著名政论家、文学家，世称贾生。贾谊少有才名，十八岁时，以善文为郡人所称。文帝时任博士，迁太中大夫，受大臣周勃、灌婴排挤，谪为长沙王太傅，故后世亦称贾长沙、贾太傅。三年后被召回长安，为梁怀王太傅。梁怀王坠马而死，贾谊深自歉疚，抑郁而亡，时仅 33 岁。司马迁对屈原、贾谊都寄予同情，为二人写了一篇合传，后世因而往往把屈原与贾谊并称为“屈贾”。贾谊故居被誉为“湖湘文化”的源头，当今的学者以及年轻的一代正用自己的方式传承着这个城市的文化。

走，下楼看看后院去！其实周末在文化古迹参观参观也挺好的呀，凭身份证就可以领门票。
目前的占地面积仅与1.77亩。
每天来参观故居的人络绎不绝啊！

我看游览图是说凭身份证领票。
迟到了，不知道赶不赶得上柳老师他们。
这边可以提供免费导览。
賈誼故居
湖南省省级文物保护单位
贾谊故居
湖南省人民政府
一九八三年十月十日公布
长沙市人民政府
一九九零年十月七日立
汉武帝时期，朝廷向长沙颁赐“大汉敕刻贾谊纪功碑”，是为贾谊故居经营之始。
历史人文故居的规划多涉及古建筑、古民居、古典园林的多方面知识。深入研究才能做好规划。

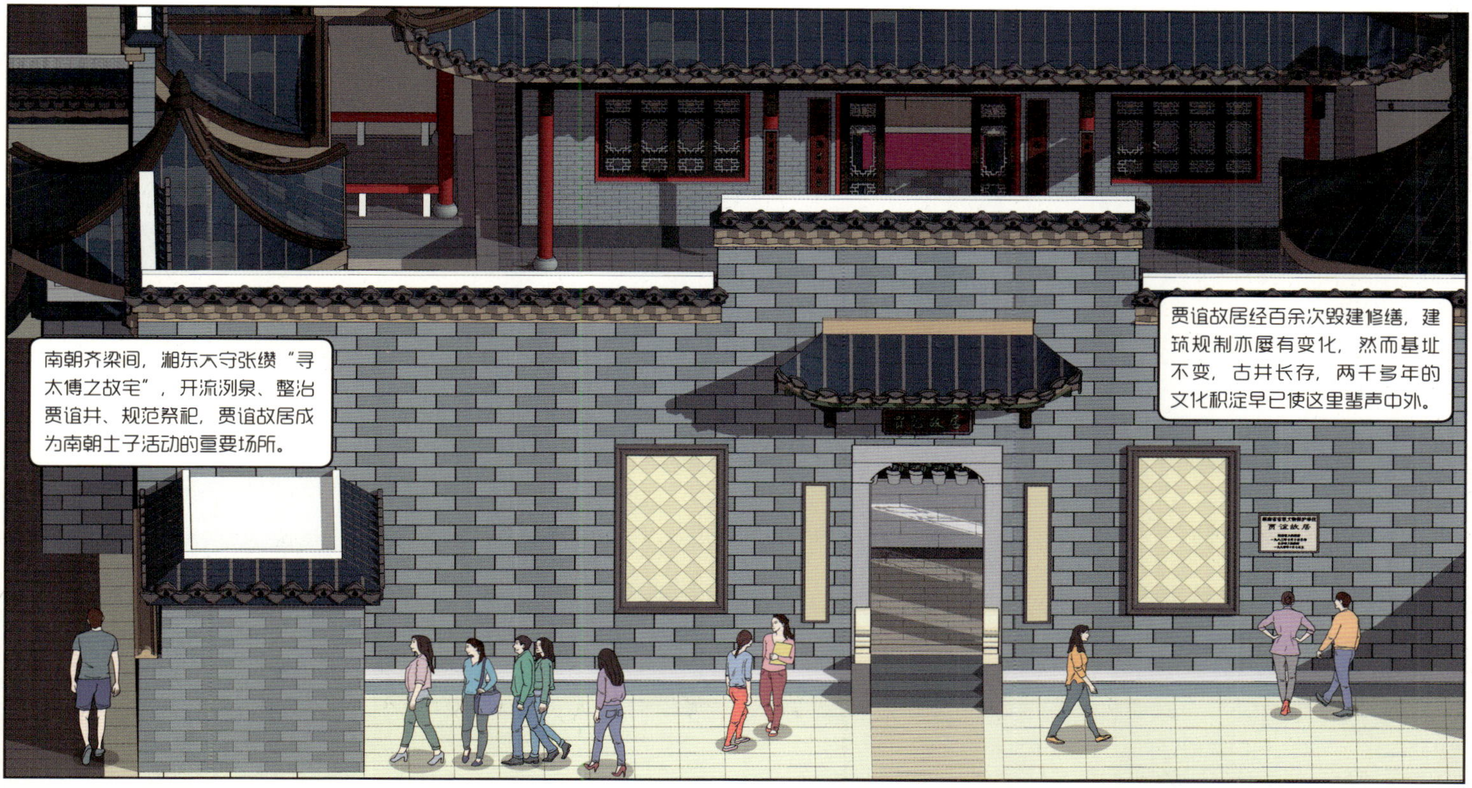
南朝齐梁间，湘东太守张缵“寻太傅之故宅”，开流浰泉、整治贾谊井、规范祭祀，贾谊故居成为南朝士子活动的重要场所。
贾谊故居经百余次毁建修缮，建筑规制亦屡有变化，然而基址不变，古井长存，两千多年的文化积淀早已使这里蜚声中外。

1988 年 6 月，长沙市信托贸易公司在改造危房时，从工地挖掘出 3 块石碑。
清光绪元年(1875 年)，粮道夏献云、巡抚王文韶择地另建屈祠，同时在此地大兴土木，重修贾太傅祠，增建园林部分——清湘别墅。
长沙现在有据可考的最古老的井应该是太平街贾谊故居内的“太傅古井”。
大家可知道“九井十三桥”吗？

1938 年的“文夕大火”后，老长沙大部分建筑被烧毁，许多原有的历史遗迹已难再寻踪迹。
1996 年 11 月 27 日，长沙市十届人大常委会三十二次会议通过了《关于修复贾谊故宅的决议》。
贾谊认为只偏重德治或法治都不利于国家的稳定。
他力主推行“阳儒阴法”的治国模式。
历代重修都以井为中心，井的南面为祠，井的西面为贾谊的生活区，井的东南部分为园林。

屋顶是中国传统建筑重要的思想和灵感来源。
当建筑变成一个为你提供观看建筑的“框”的时候，你发现地景和自然会格外清晰地呈现在你的面前。
贾谊故居在 2100 年的历史中，逐渐形成了祠宅合一的格局。至清光绪二年始形成祠、宅、园林（清湘别墅）三位一体。目前的占地面积仅有 1.77 亩，只是祠的一部分。贾谊故居一期是三进式布局，现主体建筑为贾太傅祠、太傅殿、贾谊井、碑廊。功能是为纪念贾太傅及开展祭祀活动的场所。气氛庄严、肃穆，体现了深厚的文化渊源。
贾谊故居带来了汉代长安城修造园林苑囿的风气，开创了长沙园林建筑历史的先河。
贾太傅祠
庭列瑶阶林挺琼樹
荣曜秋菊华茂春松

历史文人吟贾谊碑廊，沿北向围墙展开，为半边廊形式；碑廊将祠、殿、堂几个主要建筑连结起来形成一组多进庭院的建筑群。前庭植柏树两株，相传贾谊祠有古柏树，是贾谊所植。而今植此树，却以寄怀思。中庭立古碑两通，古志中记载“为李东阳所撰碑文”；后院种植漪花名木并凿池叠石；庭院内满铺青石板。
太傅碑廊，是将各建筑用长廊连接，在长廊内陈列及雕刻出历代名家歌咏贾谊的作品。
古代此地又名濯锦坊，相传屈原在此居民区（坊）的一口古井旁洗涤锦衣，并因此得名。
太傅殿
长沙不久留才子
宣室求贤访逐臣
亲不负楚疏不负梁爱国忠君真气节
疏可为经策可为史经天行地大文章
故宅之原貌已无从可考，只能根据相关汉代墓葬出土的画像石、画像砖进行推测。
毛泽东青年时代也常在这里活动。

寻秋草堂为清代扩建贾太傅祠时增设的一处纪念性场所，专供前来凭吊贾谊的文人学者吟诗、作画、歌咏、聚会之用，因唐代刘长卿"秋草独寻人去后，寒林空见日斜时"诗句而得名。修复后的寻秋草堂高两层，仿木结构，其基本功能如旧。
日常生活与文化遗产密不可分!
魏晋以来，故宅已成为官宦名流必访之处。

祠与殿均为三开间，一字形平面，青砖墙，石基石栏，青瓦歇山屋顶。祠内供祀铜铸贾谊坐像，南北两片实墙面上分别以铸铜饰刻贾谊在长沙的重要著作《吊屈原赋》和《鹏鸟赋》。
1996 年，对故居进行修复。现有长怀井、古碑亭、太傅殿、贾太傅祠、寻秋草堂等景点。

故居需门票。不过不必花钱，排
队登记姓名身份证领取即可。

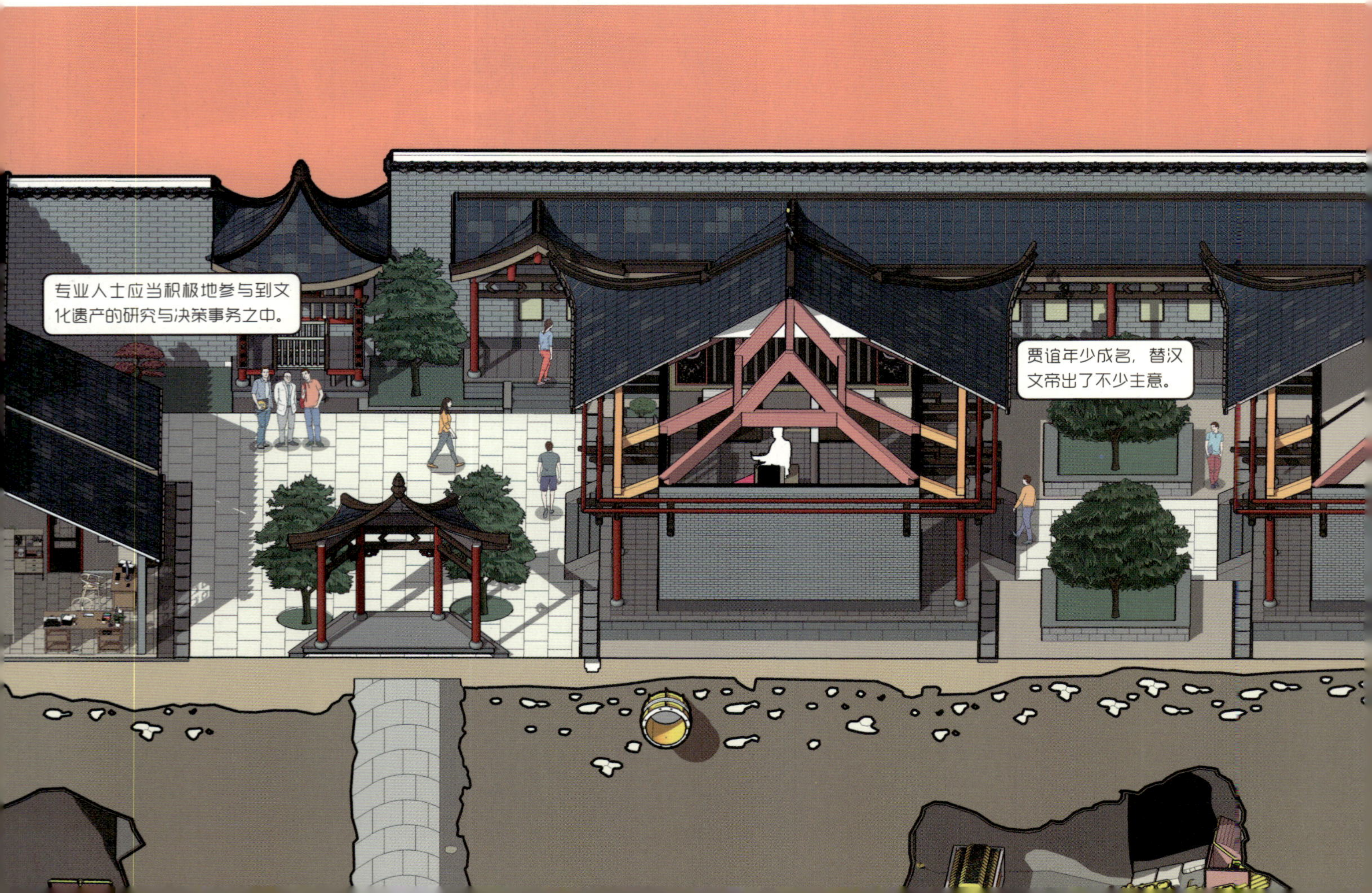
专业人士应当积极地参与到文
化遗产的研究与决策事务之中。
贾谊年少成名，替汉
文帝出了不少主意。

井有名——“长怀井”，井上有亭，有对联一副
不见定王城旧处，长怀贾傅井依然。

因其为长沙王的师傅，所以又称贾傅。
那时长沙乃是远离政治文化中心的卑湿之地。

寻秋草堂：为纪念贾谊而建，为主要纪念性园林建筑，置于西面，与佩秋亭、怀中书屋互为呼应。一楼陈列贾谊各种版本的著作，二楼开设讲坛。

小沧浪馆：此为纪念屈原的建筑，其名源于屈原《楚辞·渔夫》之"沧浪之水清兮，可以濯吾缨；沧浪之水浊兮，可以浊吾足"。一层用于屈原陈列，二楼为观赏厅。

怀中书屋：位于寻秋草堂西北侧，布局符合古代书屋宁静、清幽的特点。

舰舫：位于小沧浪馆东北侧，与原图的位置基本一致，采用简洁朴实的风格。

补柑精舍："补柑精舍"之意为管理人员住处及杂务储存处，功能上等同于现在的管理办公区。故规划与办公区园门相结合，置于场地东向，门上书"补柑精舍"。

大观楼：古之大观楼为俯瞰湘江和全城风光的好去处。将大观楼置于场地最高处，既可俯视故居全景，又是全园的景观中心。一楼为参观大厅，二、三楼为观赏故居全景的场所，同时兼茶座。

因"文夕大火"，长沙地面文物古迹差不多绝迹。幸运的是在太平街地段，老长沙古城的街道格局犹存，部分的遗址遗迹仍可探寻。对这些文化遗产，需要传承保护，让城市的历史文脉更加清晰，为子孙后代尽可能多地保留一些城市的记忆。让他们能从生活的城市空间来了解这座城市的文化历史，而不单单依靠书本。或许现在我们做的微乎其微，但意识的萌芽，终会长成参天大树。

金线街是一条极富娱乐精神的街巷，灯红酒绿中潮男靓女流连在各个小酒吧里，喝着美酒，品着音乐，想着心事……而金线街延续着老长沙不变的情怀。旧时光，人与物，将那些年少轻狂的记忆存档在老街巷的青瓦白墙间。

jīn xiàn jiē

金线街

金线街至太平街口，是著名的贾谊故居所在地。明崇祯《长沙府志》名为金线。关于街名的来历，清康熙《善化县志》载："巷内人家得洞宾像，悬之壁，其子幼，每馆四则揖之。一日途遇道士，宛然画像，遂牵其衣曰：'尔吾家洞宾仙也。'道士鼓石与之，归献其父，随至石处合之，仍为石，唯中留一线，金色灿然，故称为金线巷。"
剧本你再看看。
有条老街细时候我住的那里……
一到夏天大家打牌策谈板凳架起……
大人呷的精白沙细伢子呷滴脆皮……
越漂亮的人就越想变漂亮吧。
对那些爱你的人，你恰恰最苛刻！

艰难的时光不会太久!
女生掏钱包只
是做做样子。
今天用哪个发膜?待
会出门用哪个面膜?
好在美食足
够抚慰人心。
一旦社会发展到了
一定境界，人情一
般止于一声谢谢。

猫与咖啡
星城人的饭局，稍微没格调一点的，都组在麻辣香锅。
等一个人真是非常累非常孤独的事情。
当你结束这段关系，我会开始讨厌你！
看见美食就饿了。
什么我都吃的哦！
今日菜单
吃蛋不吃黄，吃肉不吃肥。
少吃点吧，再吃下去，还能跟谁结婚？
今日菜单
不能不吃，吃在我心目中，比爱情有滋味！

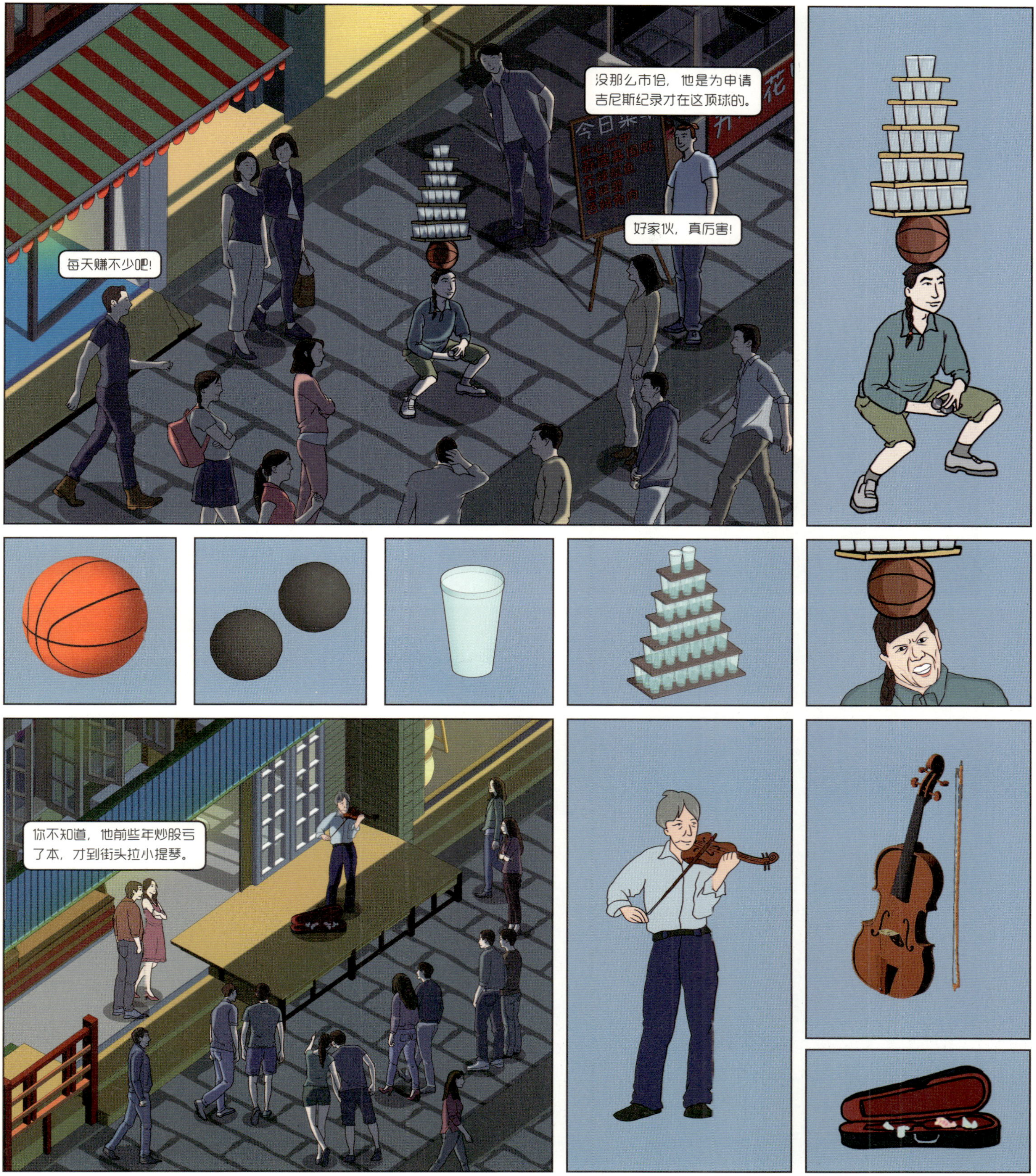
每天赚不少吧!
没那么市侩，他是为申请吉尼斯纪录才在这顶球的。
好家伙，真厉害!
你不知道，他前些年炒股亏了本，才到街头拉小提琴。

这美食一没有远在天涯海角，二没有贵到两眼一黑，小巷街尾，俯拾皆是。
花
猫奴的咖啡屋
皮手工酸奶
理发屋

晚上才是我的主场喵。

在打架？
我的故事
还未开始。

板烧 铁板料理
臭豆腐
螺蛳粉
刮凉粉
静下心来想一想，我的胃现在想吃什么。
即使是料理，每次吃相同的菜，味道也会不一样。
做我女朋友好么？
去太阳下站 100 天，我就答应你！
即使是同一个人，使用相同的材料，努力做出相同的味道，最后还是会走味。
100 天以后，你就是我女朋友！

理发屋
早年间的剃头匠一整套的技艺，剃、刮、捏、拿、捶、按、掏、剪、染等。
水温合适吗？
像这种手动剃刀吧，现在会用的人越来越少了，手艺失传了！
剪完头都轻松些。
师傅跟我说他经历过剃头匠的“风光”，也见证了这项老手艺的没落。

筒子楼是一个时代记忆，其特殊标志是一条笔直的走廊摆在眼前，昏暗的灯光、狭窄的走廊、走廊两侧一溜儿排开的单间、一层楼两个卫生间一个水房。家家户户的蜂窝煤炉子都守候在自家门外。居住格局虽然拥挤、简陋，但邻里关系非常融洽，见证了那个岁月里人与人之间的真情与温馨。

tǒng zi lóu

筒子楼

“筒子楼”是20世纪七八十年代国企或事业单位住房分配制度的产物。这样的建筑又称为兵营式建筑，一条长长的走廊串连着许多个独立房间以及一两个公用盥洗间和公用厕所。因为走廊两端通风，状如筒子，故名“筒子楼”。“筒子楼”每户房间面积大约为十几平方米。多数是由各个单位的办公室或者单身职工宿舍改造而成的。这是一个邻里和睦的生活空间，我们可以看到一条长长的走廊串起了每一个家庭，他们都拥有一个公共的厨房以及公共的卫生间，人们的生活娱乐场所都可以在这条公用的走廊上完成，即使这条走廊并不显得那么宽敞，每一个家庭的家门都可以完全敞开，毫不忌讳，让外面的阳光以及邻居能随时来串门。在这条走廊上邻里之间可以随时切磋棋艺，你或者围观，或者捧茶指点一番，那清茶冒起的热气还在传递着生活的清香。再看这边，筒子楼内不仅实现了同层的交互，还实现了立体的交互生活。这天阳光甚好，我们看到一个穿着睡衣的中年女子，头发蓬松，正抱着刚洗好的衣服准备去晾晒，别看身材娇小小的，力气可大得很，她熟练地将被褥一甩，就挂在了阳台外搭建的临时竹竿上，与此同时她也向住在下一层的邻居大声喊话，请他们帮忙看一下被褥是否有被风吹碰到墙上，以免弄脏。在这个筒子楼内，交互在垂直的方向也可以如此顺畅。在楼梯间，不时有几只中华田园犬蹿上蹿下，原来在二层的走廊上有一家人熏制着腊肉，引来了好吃的小黄狗。这就是筒子楼的故事，它是自然而真切的存在，走近它你便能了解它。

建筑从生存所需，变成生活所需。
再从生活所需，变成利益所需、享乐所需，或者两者皆是。
建筑曾经被认为是居住的机器，现在却变成了印钞机。
梁上君子，盗亦有道。
听说啊，这地下挖出过宋代木沟渠。
好了！将军！

"筒子楼"建筑又称为兵营式建筑，一条长走廊串连着许多个单间。因为长长的走廊两端通风，状如筒子，故名"筒子楼"。
"筒子楼"面积狭小，每个单间只有约十几平方米的面积。
现在是大家熟悉的"歌曲点播"节目时间。从现在开始到九点，将不停地播放诸位中意的热门歌曲。
有个女孩要送给你一支点播歌曲。可知道她是谁？
原谅走过的那些曲折。
原来留下的都是真的。
能够拥抱的就别拉扯。
能够握紧的就别放了。

颇具中国特色的一种住房样式，是20世纪七八十年代中国企事业单位住房分配制度的产物。
五一广场那个营养公司今天有鸡蛋领。
你们打算去哪儿呀？
超市蔬菜大减价，赶紧去多买了一包回来。
这种有着长长的走廊的房子，卫生间都是公用的，其前身不过是各个单位的办公室或者是单身职工宿舍。
让我们听一支大众音乐冲淡一下，好吗？实在妙不可言，热浪一扫而光！
看一次买一次，你奶奶扣我烟钱了。
爷爷，我想买盆草。
纵然似梦啊，半醒着。
晴时有风阴有时雨。
争不过朝夕，又念着往昔。

夜宵
偷走了青丝却留住一个你。
岁月是一场有去无回的旅行。
口味蛇
臭豆腐
好的坏的都是风景，别怪我贪心。
因为你，只为你愿和我一起，看云淡风轻。
好想吃啊，但又怕胖。
吃了才有力气减肥。
妙极了，这才叫音乐。你们猜这是哪首歌？凉快点了吧？对了，说起来与其一个人老实呆着，还不如同女孩抱在一起凉快些。不相信？

有人默默无闻，
有人鸡毛蒜皮。

不如干脆打电话告
诉她“我喜欢你”。
口味蛇
臭豆腐
夜宵小吃随着新的夜市生活方式的到
来，也悄悄进行了一场味觉上的变革，
夜生活开始的标识便是夜宵摊出摊。

笑着哭着都快活。
时间是让人猝
不及防的东西。
得了吧你。

接孩子放学的家长在走廊相遇闲聊下，就回家准备晚餐。
等等等下。
不怕高手有仙着，
就怕臭手总悔棋。
走廊是邻里间交流的纽带空间，家长里短，热闹非凡。
一根绳，两人摇，摇下来，
像小船，摇上去，像小桥。

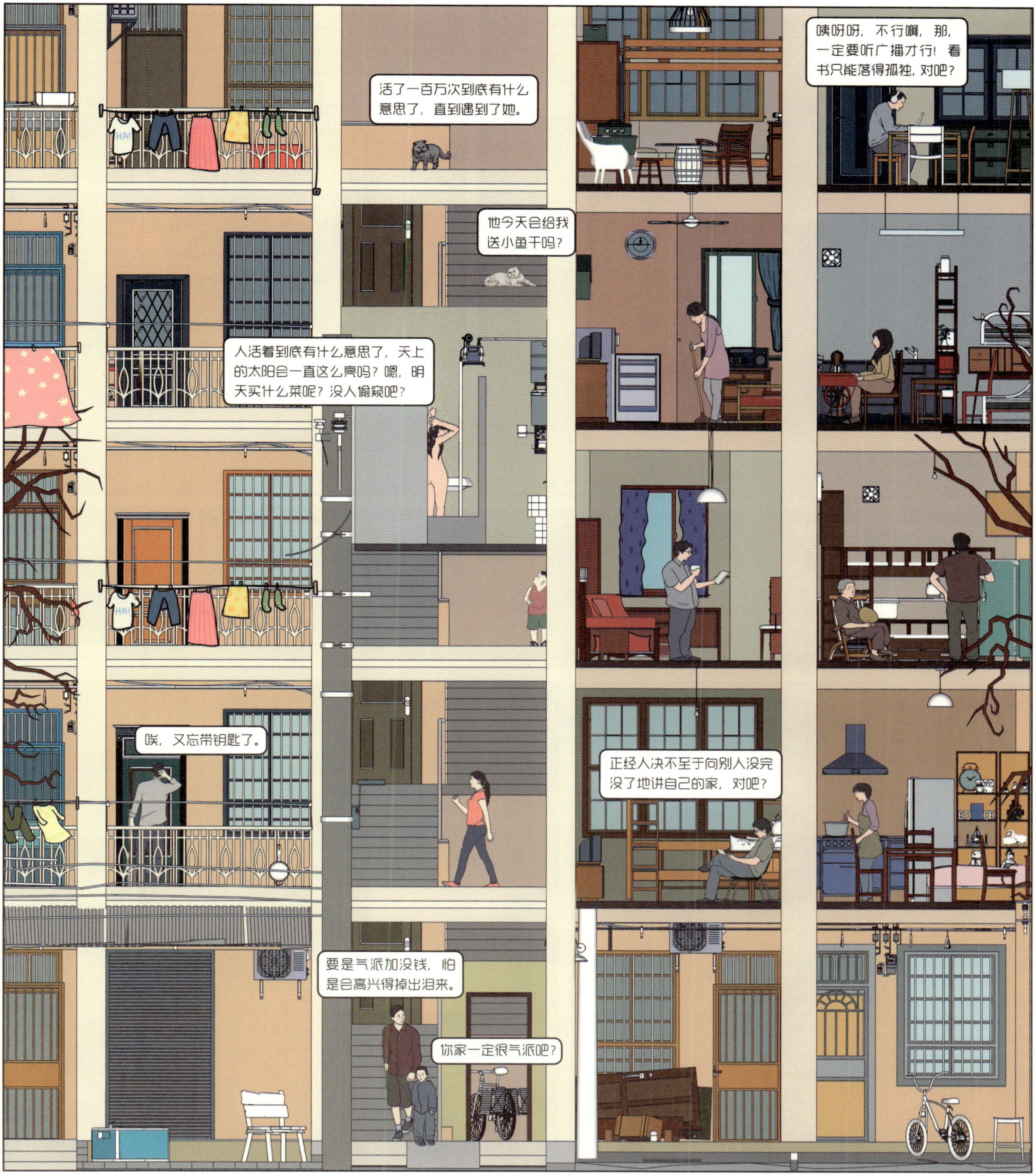
活了一百万次到底有什么意思了，直到遇到了她。
咦呀呀，不行啊，那，一定要听广播才行！看书只能落得孤独，对吧？
他今天会给我送小鱼干吗？
人活着到底有什么意思了，天上的太阳会一直这么亮吗？嗯，明天买什么菜呢？没人偷窥吧？
唉，又忘带钥匙了。
正经人决不至于向别人没完没了地讲自己的家，对吧？
要是气派加没钱，怕是会高兴得掉出泪来。
你家一定很气派吧？

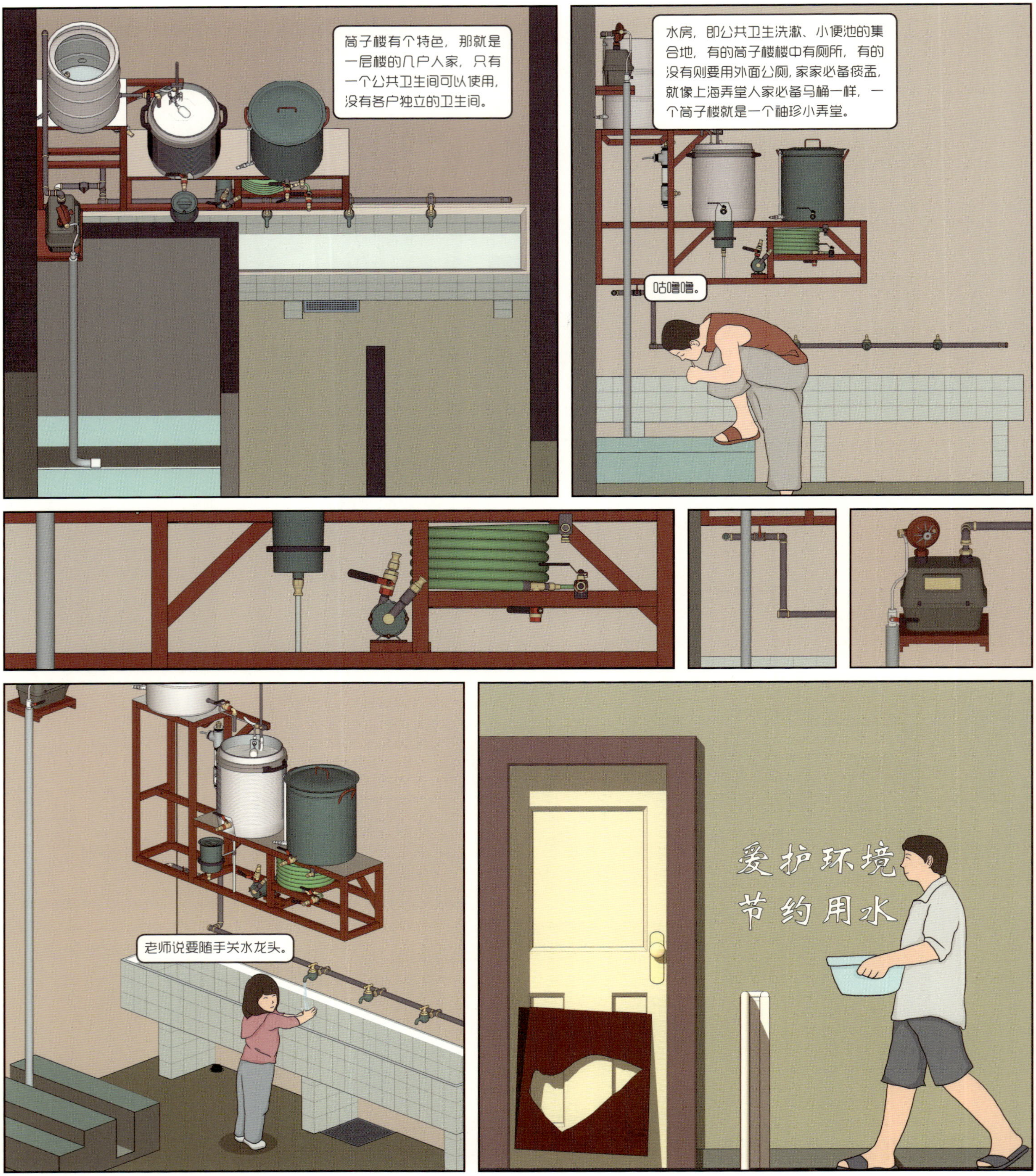
筒子楼有个特色，那就是一层楼的几户人家，只有一个公共卫生间可以使用，没有各户独立的卫生间。
水房，即公共卫生洗漱、小便池的集合地，有的筒子楼楼中有厕所，有的没有则要用外面公厕，家家必备痰盂，就像上海弄堂人家必备马桶一样，一个筒子楼就是一个袖珍小弄堂。
咕噜噜。
老师说要随手关水龙头。
爱护环境
节约用水

20世纪80年代，结婚买什么？说起“三大件”，相信很多中老年朋友都会想起那段已经流逝的岁月。那时候正是改革开放初期，随着改革开放的深化，人们收入的明显增加，自行车、缝纫机和收音机这些曾经让一代人为拥有它们而倍感骄傲的三大件早已变得不再稀奇。
茶敬客来茶当酒。
云山云古云作车。
你们要不要喝点茶？
再来一张二筒就胡了！二筒！二筒！
在中国，可以说只要有人的地方就有麻将声，说麻将是中国的“国粹”，一点儿也不夸张，不同省份麻将的玩法也不尽相同。

红白机 Family Computer（简称 FC 或 FAMICOM）是任天堂公司发行的第一代家用游戏机。自 1983 年推出到 2003 年停产为止，全球出货 6291 万台。
晚上多吃几个口味虾，腰又粗了几寸。
明天去街上买新的。
感觉身体被掏空。
上世纪 80 年代全国共有缝纫机生产企业 50 余家，分布在 22 个省、市。截至 1982 年，我国缝纫机的产量达到近 1300 万台，居世界第一位。
妈妈，睡觉觉。
妈缝完这朵花就来。

冬梅，咱楼下那大爷耳朵是真聋啊！
再煎个鸡蛋。
有人说回忆是最没用的东西，但我却觉得回忆是最美好的东西。
夏洛，你今天脑子没事吧。
冬梅，你煮的面（呼啦呼啦）真是太好吃了！
她们都老了吧，她们在哪里呀……
夏洛，你再成天拨你那把破吉他不来帮忙，信不信我把吉他甩你脸上。

你在雨中行走，你从不打伞，
你有自己的天空，它从不下雨。
最美的不是下雨天，而是和你一起躲过雨的屋檐。

磕磕绊绊转眼都会忘怀，邻里间更多的是互相照顾。曾经有多少故事在筒子楼上演，孩子在这里长大，老人在这里离开，风火墙见证了一代又一代人的成长。城市总要建设和发展，载不动这老城区的许多爱与哀愁。但是每个人的心中都有一处老房子，走近它，就仿佛踏入了旧时光。
这天气说变就变了。
晾的东西没来得及收。

Mychoice Cafe
爱尚豆花
纯手工制作
李四姐
臭豆腐
闻起来臭
吃起来香

绘长沙
太平街
众　谈
農民銀行

MANGO SIX
COFFEE
DESSERT

魏春雨

湖南大学建筑学院院长

如果用形象的比喻来说，“长沙是地下古城，地上新城”。长沙城市文化的断层——一方面由于文夕大火后传统的物态性文化符号已经不多；另一方面也是由于在飞速发展中，文化重建速度缓于城市建设速度。长沙的城市记忆，不应是没有留存物态具象的建筑外观，而应是通过一个个细小而市井的生活场景来体现。从目前来看，结合了本土特色的街区并不多，但随着城市文化的复苏，将建筑与历史文化相结合的趋势日益明显。我们城市未来是建立在丰厚而生动的城市记忆之上。

我觉得绘长沙系列绘本项目视角很独特，因为这是老课题，包括传统历史街区的保护，我也参加过很多这样的课题的评审，一般而言这是一种失策——修旧如旧把它恢复，但是一般恢复以后的老街装进去的内容不太一样，就属于旧瓶装了新酒，但是全中国都是一样的，都是一些旅游纪念品商店，一些餐馆，一般运营状态也不是太好，太平街也是有这个情况的。到底是让建筑师做一个壳，还是让这个建筑有生命力？你们做绘本抓到了一点，建筑也好，街道也好，它是一个载体，真正要让它鲜活起来，要让它有真实生活场景的注入，要找到它的源头，特别是你们不是简单的实测，有些东西是某种意象，是一种延展，而且以记录一些生活场景或者还原一些生活场景，比如这个戏台，以故事的线索展开，这个倒是活色生香，使太平街活了起来，而且这样的传播力度更大，因为跟我们的生活很接近。我觉得这个做法特别学术，还真不是你们加入了一些文学的艺术想象，这是一种活的办法。就像我们湖大的岳麓书院，全中国这么多书院，只有湖大岳麓书院保护得特别好，这个保护不是说我们去修缮了一下里面的房子，它叫做活的书院，因为现在还在进行教学活动，这就是把原来整个古书院的一套形式整个活的传承了下来，它不是一个躯壳，这就是岳麓书院的影响力所在。同理，你们做这个太平街，是真正地在关注传统的生活业态，怎么有机更新也好，或者是跟现在的生活嫁接，对于到这里来的人，是一种体验与感受，他能够看，能触摸，能使用，我觉得是非常好的。我觉得绘本这样的形式很有深度，很学术。

唐曙光

长沙市人民政府研究室主任

一个城市没有文化，就没有灵魂，也就没有了根，这样的城市等于是一个浮萍，无论是它的生命力还是影响力都是不齐全的。像欧洲那些古镇，他们的城市文化是相当明显的，我们去到这些地方就能想象到这个城市原来是怎么样的。同样，太平街也要达到这种效果，实际就是要以强烈的文化意识来指导城市发展，这就体现在这种小街小巷的保护上，对于寻找传统小巷中的韵味这个问题，长沙市市政府还是高度重视的，对于怎么去合理正确地开发利用历史街区，把中国风格的建筑元素体现出来，让我们的子孙后代都能看到我们的古文化，传承我们的优秀文化，这些不光是城市规划管理者应该思考的问题，同时也是我们长沙市民需要共同努力的。

那么我们要如何将它体现出长沙特色，并且要在发挥长沙特色的基础上超越别人，这是我们要思考的，纯粹跟风抄袭，往往就会变成东施效颦。

周湘华

湖南省建筑科学研究院副院长、总建筑师

历史文化街区不是一个在博物馆里的古董，它是要跟现代生活相结合的，通过注入新的商业模式和运营模式，提升整个历史街区的活力。建筑师通过建筑绘本的形式来表现城市历史街区，这是非常有创意的想法。去年看过北京的几个项目，我觉得非常有意思，通过这种漫画、绘本的方式来让更多的大众更好地认识和了解我们的城市。现在很多人对城市的了解其实并不多，而像我们这些看着漫画长大的七零后们，对于绘本有着很深的情结。以绘本的形式来表现城市、规划和建筑，我觉得是非常有意义的事情，而且以后也可以衍伸到其他形式的产品，比如文创的服装、文具或者是开发游戏，让更多的人来使用和了解我们做的绘本，也可以做成另外一种形式的智慧城市的表达。

建筑与艺术之间的关系，我觉得建筑就是艺术中间的一个组成部分吧，也是艺术非常重要的一个表达形式，它通过各种手段把艺术固化。艺术可以给我们建筑师很多的启示，而很多艺术创作总是天马行空，能够给建筑带来一些新的思路，在历史上很多新艺术的起源往往会带来建筑形态的新发展，艺术和生活的结合，使建筑能够更好地符合人们对于当下的需求，我希望今后的建筑作品能够成为艺术作品，能够让人看到这个城市的光彩和亮点。

李涵

绘造社创始人

我第一次知道凡益工作室是通过微信。有朋友转给我他们画的长沙太平街，问我是不是参与这个项目了。我看了一下告诉他没有参与。朋友回复：他们抄袭，快举报！我回复：……。

今年年初在北建大有一场“路上观察者”的聚会。我把凡益工作室的主持人王蔚请来了。

他一见我就说：“《太平街》快要出版了，李老师能请您看一下电子版吗？就在我笔记本里。”

我说：“王老师，活动马上开始了。您要不先发我邮箱，我回头慢慢看吧。”

他说：“那……李老师，能请您给书写篇文章吗？”

我说：“王老师，等我看完了您的书再说吧。”

他说：“那……李老师，待会儿活动结束能进行一个视频采访吗？摄影师、机器、话筒、麦克都准备好了。”

我说：“王老师您采访我，哪有人看啊，就算了吧。”

他说：“李老师，管他有没有人看呢，先采了再说吧。”

三言两语我觉得王蔚真的无畏，是个马不停蹄向前冲的人。他不管旁的，先做了再说。而我呢，是个尽量向旁边闪的人，碰上王蔚怎么也闪不过了。所以那天聚完了会，我就被拉去做了视频采访，两天后我收到了剪辑完配上字幕的视频。我被他的效率打动，看完后提出了一处错别字的修改意见。一天后我收到了修改版，我没有再提任何意见。第二天我又收到了一封来自凡益的邮件，这次是《绘长沙·太平街》的电子版。

176 页的 pdf 文档，我一个小时看完了。但他们干了多少小时我嘴上说不清楚，可心里有数。每页都充满了建筑绘本特有的“傻劲儿”。复杂的场景，不断切换的视角，不遗余力的建模……

这让我想起刚画完《一点儿北京》的时候，我跟胡妍说：“我觉得建筑绘本这条路好像终结了。卖傻力气可以，一次就好了。”尽管后来我们决定还是要继续卖傻力气，但我万万没想到竟然还会有同路人一起来卖傻力气。

这场面有点像我在迷宫里迷路了，我认为前面绝对是死路一条了，突然发现有人也沿着这条路走过来了。于是我又觉得眼前的路是通向出口的光明大道了，傻劲儿瞬间满血复活。

我又想起了电影《阿甘正传》的一个情节。一开始阿甘一个人在路上跑，后来有了一个跟随者，再后来跟跑的人越来越多。大家觉得阿甘是个思想者，为了环保在跑，为了世界和平在跑，为了无家可归者在奔跑，为了男女平等在跑。其实他就是因为喜欢跑步，他没别的理由。但跑的人多了难免不生出幺蛾子，于是诞生了著名的符号“:)”，于是喊出了著名的口号“Shit Happens”。尽管这是电影情节，但我觉得现实也大致如此。

所以太平街纵然有趣，城市纵然伟大，但真正的傻力气，硬功夫都花在了绘图上。绘图无需理由。卖傻力气万岁！ Shit Happens！

宾馆
利生鹽號
古酒
老通義
住宿
MINISO

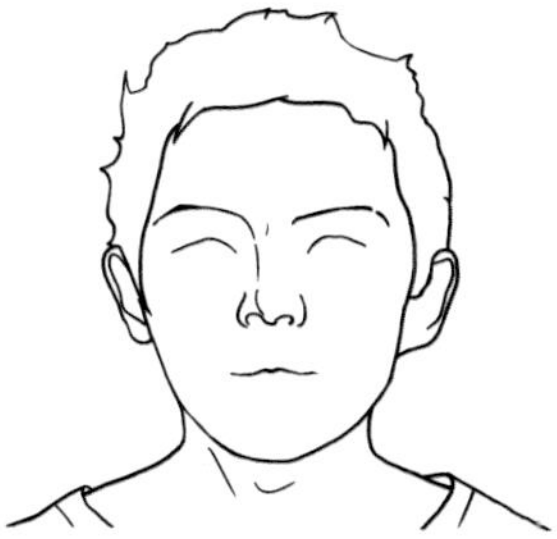

文宾

文和友创始人

我出生在坡子街，在这里生长了三十年，亲历了老城区的许多事情。在我小的时候，太平街是一条卖塑料袋的街。地理位置决定了它们的聚集，供应着坡子街、下河街、西长街的商行：坡子街卖布、下河街贩烟贩酒、西长街是个菜市场。如今这些都没了，我是怀念的，没有什么比记忆更能说服我自己，我在自己的事业里也尽量地还原我的记忆，无论是味道还是场景，它们组成了我创造品牌的灵魂，或者说它们就是我的记忆。

这个绘本的创作角度很有意思，散点记录了我生活核心里的一些记忆。比如金线街，这里是我创业的初始地，这条短短的街道原来我来的时候连路灯都没有。前面的女人世界还是一个鱼塘，里面有很多很多黑鱼……后来我的食客越来越多，有很多时候占领了整条小小的街，后来才有了路灯和现在整条街的商业氛围。书中那个用篮球顶着许多水杯的男人是很真实的，在我小时候他就经常出现在下河街、桥头、轮渡码头等地玩耍杂技，他是我们很多人的记忆。长沙城区中有很多这样有趣的人，我希望今后多记录这样的街、这样的人，这样他（它）们就不会完全的消失，如果我们不去记录，我想我们的记忆也会随之消失。

翁东华

文和友合伙人、建筑师、策展人

长沙是一个小小的城市，小小的街、小小的巷子、小小的人。我小的时候，家就在一条狭窄的巷子里面，里面住了20多户人家，有讲相声的、有卖米打酱油的、有修单车补锅的、有裁衣服修裤脚的。也住了疯子、小偷、失足女……我父母是卖菜的。这条巷子叫西长街51号，原来只住了两大户人家，后来被革掉了命，搬来了好多人。家中老人说，以前没有这么一条巷子，都是因为大家出行要穿过别人的家中，索性大家开了个会——各家都让出一米两米就有了这条巷子。于是我想明白了，为什么很多小楼房二楼还有一个对着街开的门，走出去就可以跳楼。巷子总长不过50米，却人间百态，一家吵架，整条巷子的人必然都来看热闹说笑……现在，这一切都随着城市的发展、拆建消失了，如今住在高楼里，隔壁邻居家的姓氏都不知道。我每每回到这样的地方就会感叹：“小街才是上帝心目中的人间”。太平街就在西长街的对面，对比起来的印象是干净、整洁、富有……是我们孩童时代最向往的街区，如今改造成了成功的商业街古街，这是经济发展的必然产物，虽然不喜欢但也欣然接受，在这里同样也奉献我们的商业智慧。我喜欢这个绘本，它也给予我们应有的贡献与支持，这样的绘本就可以将这座小小的城市消失的街巷建筑与故事都记录下来，举办专门的展览，让这座城市的人情味以某种方式的记录呈现给来这里游玩的人们。

太平街大事件

太平街“太平”二字原意指天恩浩荡，天下昌盛平安。千年前的长沙得“舟楫之便”，依湘江上下几度“转输半天下”。而太平街紧挨湘江，夹在小西门、大西门与潮宗门之间，得地利之便，商贾云集达千年之久。

公元前177年至公元前174年，西汉著名政论家、思想家和文学家贾谊住在太平街，时任长沙王太傅。

1853年，清咸丰三年，利生盐号创建，由长沙河西人胡自成开设，主营食盐、茶油，兼营棉花、棉纱、桐油等，着重零售，辅以批发，因经营有道，货真价实，日售银千余两。1956年实行公私合营，转入长沙盐业公司。

1853年，清咸丰三年，杨隆泰钉子铺开设，店主为宝庆（今邵阳市）人杨长贤兄弟，经营各种手工锻造的铁钉、木屐钉、雨鞋钉等。时值曾国藩在长沙训练湘军，营造战船需要大量铁钉。“杨隆泰”接得此笔业务，获利颇丰。（太平街89号，新131号）

1876年，光绪二年，粮道夏献云倡众修贾谊祠，给贾谊井重砌石栏，在井旁修建了一座“长怀亭”以表敬意。

1903年，长沙公善堂创建天、地、人、和、星、安六个救火组织。1904年长沙开埠，近代消防体制开始引入长沙，当年即在这里创立了第一支义务救火抢险队。(马家巷民居，救火会旧址)

1908年，光绪三十四年。长沙湘剧设立剧院（戏园）。一名沈姓下江商人仿北京戏园做法，在太平街孚嘉巷设立宜春茶园，聘湘剧班演出。

1909年8月，湖南革命党领袖焦达峰从汉口回到长沙，在此设立“共进会”，他与陈作新等人多次召集革命志士在此开会，密商反清大计。

1911年，长沙起义策源地。辛亥革命期间，革命组织“四进社”和“共进会”的志士们就在这里组织策划反清行动，积极响应武昌起义。（四正社旧址）

1917年，裕湘股东黄菊阶邀集李早贵（李茂棠之子）、李蚧卿、徐伯恒等，组成裕湘厚广伞庄，开设于下太平街，黄菊阶任经理，此店临大、小西门水运码头，地域很好，加以经常注意改进质量，业务日益兴旺。

清末，太平街曾是长沙米市的极盛之地。而太平街中段的乾益升粮栈则是当时众多粮栈中最著名的一家。（太平街67号，今97-101号）

1938年，贾谊故居遭“文夕大火”焚毁。

1946 年，太平街孚嘉巷 12 号民居，据传为大同油行陈老板的公馆。

1970 年，文老伯（文志飞）开始到长沙做手艺，来到太平街，一做就是四十年。以前这里人山人海，秤店生意很好，随着后来城市的规划调整，繁荣被带到了石桥，做秤生意的越来越少，由以前的四家变成了只有太平街老秤店一家，有点凄凉的感觉。现在老店在文老伯的坚持下也越来越被人所知晓，门口那杆大秤，成为人们茶余饭后的娱乐了。他是百年老街上最后的制秤人，我想在整个中国，这样的人也寥寥无几了。一双手，老茧横生，这是文老伯一生事业的见证，这些活需要细致，一丝不苟。我们希望有更多的人能够关注这种濒危的文化，传承这种文化。

1983 年，太平街贾太傅祠被公布为湖南省文物保护单位。

1998 年，重修太平街贾谊故居。

20 世纪初，洋行密布，盛极一时，这一时期太平街区各类商号达 132 家，其中不少是清代以来的名老字号，再加上其众多历史古迹和在辛亥革命中的特殊地位，太平街一度享誉神州。

2004 年，乾益升粮栈旧址被公布为太平街历史文化街区“不可移动文物”。

2004 年，孚嘉巷 12 号被公布为太平街历史文化区“不可移动文物”。

2004 年，共进会旧址被公布为太平街历史文化街区“不可移动文物”。

2004 年，利生盐号旧址被列为太平街历史文化街区“优秀历史建筑”。

2004 年，马家巷救火会旧址被列为太平街历史文化街区“优秀历史建筑”。

2004 年，杨隆泰钉子铺旧址被列为太平街历史文化街区“优秀历史建筑”。

2004 年，长沙市委决定对长沙市太平街历史文化街区进行全面改造和维护，使之恢复到清初期的历史风貌。

2005 年，洞庭春被列为太平街历史文化街区保护建筑之一。

2016 年，长沙历史街区叙事之太平街展览开幕式 / 论坛暨“凡益会客厅”第十期“历史文化的传承与复兴”举办。

抹茶阿
mocha a-hian
HiAN
Matcha brother

老通義
太平工艺
湘绣
黑茶
Tea
糖
果

绘长沙太平街创作之路

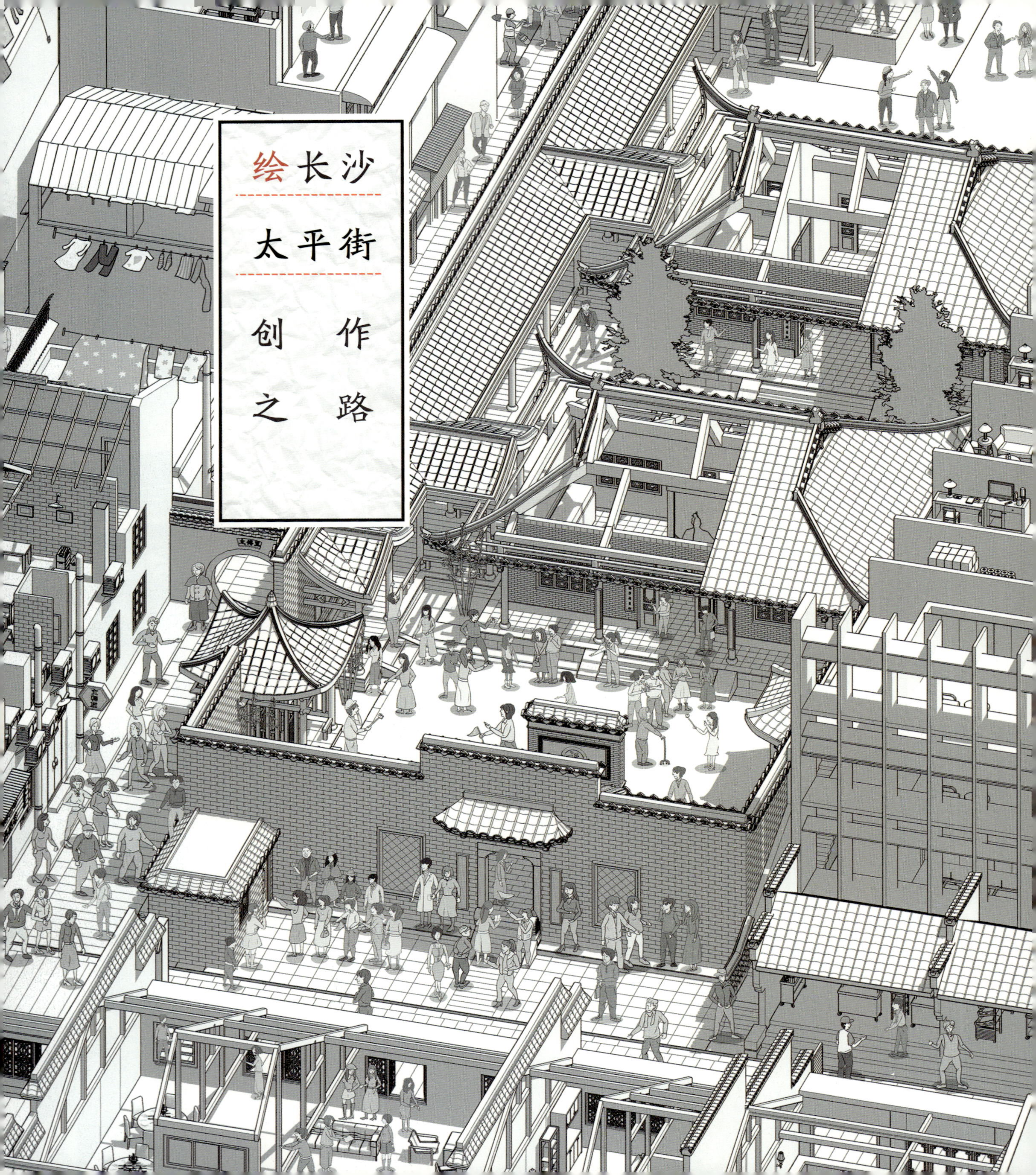

王蔚

当前建筑师这个职业在国内有个“通病”：建筑师投入和产出不成正比，其实就是建筑师的工作很难用商品价值进行衡量，你投入的创作工作时间在甲方或者业主那里是难以被量化的，这种常态将会一直伴随建筑师的一生，所以，要么凑合做设计，要么赶紧转型发展。2015年谷德想法专辑NO.36，由绘造社的李涵开题——“我们是否将进入‘野武士’时代：谈谈中国年轻建筑师窘迫的现状和未知的将来”。其中非常重要地提到了日本“一批40年代出生的建筑师称为‘和平时代的野武士’。这批建筑师开始自立门户的70年代，日本举办完了奥运会、世博会，各地的公共建筑设施也基本完成，‘国家建筑’时代结束后建筑师将会面临为糊口而惶惶不可终日”。对比眼下，中国也举办完了奥运会、世博会，经济开始转型。建筑设计业很有可能同样进入这样的时代。目前国内的一些建筑师事务所已经转型，如李涵和胡妍的绘造社出版的《一点儿北京》，其实就是一个很好的转型案例。

凡益工作室作为长沙新一代的创业者，在创业初期也积累了多年城市变迁的图片、素材、视频等基础性资料，然后展开了这项工作量巨大的工程，这一次《绘长沙》城市绘本推出的项目是历史街区（长沙太平老街），历史街区保护后再生的问题随着经济的发展已经日益重要。

历史街区保护后再生的意义不仅在于对人文精神的延续，对历史资源的延续，同时其巨大的商业价值也极具开发潜力。历史街区具有双重属性，既是供人们欣赏的公共物品，也是房地产业独具优势的宠儿。因此，历史街区保护的成本与收益异于一般商品。对其成本与收益的平衡把握是使历史街区的保护具有持久动力的关键。长沙太平街历史街区保护后再生项目是一个成功的案例。在实现经济价值的同时，也实现了社会、文化、环境方面的可持续发展。

这本城市绘本有三大块——访谈、摄影、绘本故事创作，其中绘本故事这块是重点，需要大量的实地调研和空间场所分析，之后挖掘出相关的城市故事。只有把城市绘本的故事挖掘出来，变成通识性的产物，才能让大众消费者喜闻乐见，才能起到一定的范式作用。同时，绘本的作用虽然不能改变街区的现状，但我们相信它一定能影响未来！

高青

建筑是历史街区物质与文化产物中的重要组成部分，也是城市居民对过去生活的一种记忆符号。然而，历史街区不只拥有记忆，它也是城市文化传承的载体。对历史街区物质层面的保护与更新既保护了原来的建筑面貌，也保留了老城的街道格局与肌理。但是，历史街区真正的复兴与活力来自于城市居民的生活参与，新时代的城市文化蕴藏在生活的点点滴滴中。一个历史街区今日的篇章如何续写，今日人们的生活如何以这个时代的印记融入历史、文化的长河之中，如何挖掘这些故事成为生产力？

曾经走在改造后的太平街上，我们思考过几个问题。太平街作为一个历史街区来说，其改造已经完成。原来的城市居民依然在这条街区生活，历史街区的生活原真性也存在。但要使一个历史街区复兴起来，我们是否可以把它的历史价值、生活性转化为一种文化产品？假使来到太平街旅行的游客，能够从这里带走具有历史记忆、生活记忆的产品，而不是随处可以买到的与这条街毫无关联的纪念品，那么历史街区的文化则可以延伸得更远，这便是创作《绘长沙》的初衷。怀着这样的想法，“凡益工作室”从最初的文化访谈、故事收集、实地调研，到后来的街区建模、故事绘本制作，一步一步地朝着这个目标前进，现在这个想法也已逐步成形。

《绘长沙》创作的源起，一方面是受到近年来国内外建筑绘本的启示，我们希望通过绘本的形式来表现和挖掘本土文化；另一方面，《清明上河图》画家张择端巧借建筑匠人的“界尺”来处理长线条，结合手绘的短线条，以散点透视构图法来表现市井风俗的庞大场景，也给了我们深深的启发。今日历史上的街道场景已不在，但传世之作中所勾勒的市井风俗景象已沉淀为文化与艺术的瑰宝。“凡益工作室”希望借助当下建筑师的工具来描述这个时代的历史街区场景，为一个城市的文化做些力所能及的事情。

一方面，一个普通市民，一个非建筑学专业者，很难通过专业的建筑设计图纸去了解和认识建筑；另一方面，人们对城市、对建筑的关注与热爱越来越高涨。因此，亟待出现一种有趣而通俗的解读方式来引领人们了解我们的城市。建筑绘本就是在这样的背景下应运而生，建筑建模结合创意故事与人物插画，使枯燥难懂的建筑图纸变得可读易懂。《绘长沙》的出品，如果能够吸引大家去了解、欣赏太平街甚至长沙这座城市的建筑之美、生活之美，这将是我们创作的重大收获。因为，这是我们的情怀。

易锦田

图形工作是异常孤独的工作，它有着庞大的工作量，需要非常严谨的流程节点逻辑。我同摄影师晟龙用镜头截取太平街上各个时段发生的种种人物互动画面，我可以完全自由地制作安放他们的场所。除去对街区立面空间展开的想象之外，我们还使用了无人机对街区屋顶进行航拍。我想，正是因为齐全的图像信息我们才得以快速开启了绘本的制作。

我的每个工作周期需要处理数百张照片，用建筑师的视角去处理街区的尺寸，尽可能还原出街巷的面貌。我的团队以我在 SketchUp 中建立的模型场景为蓝本添加人物及色彩，让它们呈现出故事发生时的趣味性及戏剧效果。而这些视角都是独特的、非现实性的。于是我们连载于微信上的绘本信息迅速引起大家的兴趣与讨论。

采用 SketchUp 作为创作绘本时的软件可以快速将街区信息模型化，当我们拥有整条街的场景模型时，我可以快速选定故事发生的场所，有所针对地加入室内设计，对街道面貌进行补充设计，乃至修改建筑物的外观，加入彩蛋让故事发生的场所变得更有趣。通过不断完善街区模型，后期工作变得相对简洁轻松，并大量减少了重复镜头的绘制工作。

为了更好地融入到故事的创作环境中，我们阅读了大量国内外的绘本相关书籍，系统罗列了绘本的发展历史以及绘本制作者的个人体会。其中较为欣赏的是美国的漫画家 Chris Ware 所说的，其实漫画创作这几十年来一直走下坡路，正因为看到了下坡路，所以他在做很多东西让漫画恢复到他个人所认为的理想状态。之后我们的版式风格经历了几次重要调整，使它呈现给大家的第一眼感觉更好。我尽可能将尺度感还原在模型信息中，使用更为符合实景的模型去表现街区形态，我猜想，当它最终以书本的方式出现时，它将是惊艳的、让人眼前一亮的作品，同时也会引起大家对绘本艺术更多的形式表现欲望与探索。

涂宇浩

“邻里单元”的概念是由克劳伦斯·帕利在1929年开始倡导的，主张将居民区的面积控制在以学校、商店等公用设施为中心、以步行可达距离为半径的范围之内。这是由田园城市的基本原则与广泛意义上的区域规划结合而出的一个概念。太平老街对于每一个生活在本地的长沙人来说并不陌生，它可能只是一条置于闹市区的街道，这里保留了城市最真实的生活场景。位于太平街南端的一处区域，一排筒子楼嵌入了老街的一角，这里一方面面向解放西路，另一段西接太平老街，它毫无违和地融入了这个环境。当我们置身其中去收集此处的素材时，我们隐约感受到《岁月神偷》中呈现出的邻里间那种密切生活的场景，或如九龙城寨中那种自发形成的空间格局。这里是一个相对“封闭”的小社会，它并不欢迎也不排斥外来人群涉足于此，但充满戒备的眼神在我们每一次步入筒子楼进行拍摄的时候都能看到，我试图解读他们眼神背后的想法，并以微笑回应他们的戒备，以消除作为一名“外来者”的距离感，因为我们并非这个小社会中的一员，尽管它周边就是人来人往的太平老街，但着实很少有人会深入此处。这里并不光鲜甚至破旧不堪，但我们认为这里却是最真实的体现，我们纪录这里并将其作为太平老街的一处元素，以它的相对“封闭”与太平街的“包容”形成一个很好的对比，以此通过影像与绘本的形式对生活的场景和故事进行再次演绎。

太平老街的繁华不仅因为它对于外地游客是一处旅游景点，还因为它位于长沙市老区中心地段，西边有至今仍然繁华的下河街小商品市场，东边连接长沙五一商圈，北面交五一大道，南边则是酒吧文化畅行的解放西路，原住民都生活在这里使得太平街真实而富有活力，当我们通过影像与绘本记录的时候会尽可能地去挖掘其中的故事与细节，这是大众所感兴趣的，是太平老街的灵魂所在，我们随处都可以在街区内听到老练的长沙方言。街区上布满了多处历史景点，这是我们所需要记录的地方。当然，不能仅仅满足于这些点的历史介绍的陈述，我们试图挖掘出属于当代的元素，使之相结合，年轻与时尚是一种融合的切入口。太平老街，街老生活不老。当今，我们带着一种情怀将这条富有底蕴和故事的老街以绘本的形式展现在大众面前，献礼这座城市以记录这个伟大时代的年轮。我们希望对于每一个生活在此的人或者来自八方的宾客都能解读这座城市的脉络、沧桑以及它背后的故事，甚至是并不需要在意真假的传说。

许昊皓

随着当代城市的大拆大建，这种多样性变得难以捕捉。凡益制造团队成员大多是建筑学专业，一直以来都在进行城市研究，我们思考着如何从自身的专业角度出发，把所观察到的、所想到的，通过某种形式来解读我们所居住城市的生活与城市文化。我们由衷地热爱长沙烟火气十足的市井生活，管它是传统民居还是杂乱的街市，我们希望在街上遇到有趣的家伙们，或者是墙角旮旯钻出的一只小猫小狗。具备生活多样性与混合性的城市，有着世俗的烟火气，或许才是可爱又有趣的城市。我们选择太平街这一极具代表性的历史街区，是因为在这样一个狭小的空间里，它浓缩了这座城市生活中的东西往来与融合。在表现手法上，我们选择了更具当代艺术表现形式的城市绘本，并用轴测图和剖视图将城市中我们在外部所不能看到的空间呈现和表达出来，结合漫画式的人物对话讲述人们在这里发生的种种故事，而在色彩上选择了波普艺术风格，这种表达方式亦是混杂的、艺术化的。这个绘本凝聚了凡益制造团队对城市问题和城市文化的思考，亦希望通过这本书为社会大众解读城市提供一个新的视角。

贺鼎

过去50年的研究历程，使日常生活在城市研究中占据了不可替代的地位。文化遗产是城市文明的重要结晶，日常生活在遗产的形成、发展的历史过程中扮演了不可替代的角色，尤其是鉴于文化遗产保护的复杂性、公众参与的常态化。成熟的遗产保护实践必然根植于日常生活的实践当中，日常生活语境下的文化遗产保护是必然和必要的。文化遗产，不论是历史街区、历史建筑还是历史村落，其中一般居住了大量人口，存在着丰富的市民生活和地方风俗。由于居民的日常生活实践，文化遗产与居民之间形成了非常紧密的互动关系和价值互文。文化遗产的物质空间，为居民的日常生活提供了空间和背景；居民的日常生活则使得文化遗产具备了作为“建筑标本”之外活生生的内涵；甚至，在有些案例中，由于居民的日常生活和维护，使得文化遗产能够以更加健康和富有活力的方式得以保护和发展。绘本用插画的方式，诠释了文化遗产的生活价值。它让我们离开遗产的“乌托邦”，回到琐碎、杂乱的日常中，与鲜活的市井生活不期而遇。

欧雄全

说到对城市生活的记忆，我始终都能记起小时候上学骑车时穿梭的各种小巷。上海人始终都能回忆起自己生活在里弄街坊的日子，长沙人则始终能找到自己青睐的美食小吃摊位在哪。承载着这些生活的空间由于城市发展而消逝，又没有新的空间来延续，记忆随着岁月的推移而逐渐消逝，年轻的一代由于并不了解以前的城市生活是什么样的，因此没有体会和认同。久而久之，城市的生活记忆逐渐被抹去了，取而代之的是更加国际化、现代范的生活方式，就像“千城一面”的城市形象一样，属于自己的城市生活记忆似乎也将失去各自的独有特色而逐渐趋同化。对于城市记忆的传承，尤其是城市生活的历史讲述，采用一些通俗易懂的方式唤起市民的共同记忆，创造一些年轻一代认识和了解城市历史、城市生活的途径，也许能给这个逐渐走向同质化的世界留下一点属于自己的东西。本次参与长沙太平老街的绘本的艺术创作，就是想通过建筑的语汇和艺术化的手法来尝试对城市老街区的历史文化和生活记忆进行描绘，可能这种更为直白和生动的表达更能够唤起人们的回忆和认同，也更能够吸引年轻一代的关注。对城市文化生活的记录和传承，一直都是我们所追求的目标和一直坚持在做的事情。城市生活，需要有回忆，更需要有记录。

时尚购物城

时尚购物
太平老街

凡益制造
长沙历史街区绘本之太平街
太平古街
天下太平

绘本叙事语境下的历史街区文化传播

——《绘长沙·太平街》创作后记

王蔚

《绘长沙·太平街》一书中所探讨的长沙太平街空间叙事并非与传统意义上的太平街空间故事相同，而是凡益工作室以建筑与艺术的语汇做的一次在叙事语境下的城市历史文化传播尝试。太平街是长沙历史街区保护的一个缩影，我们环绕四周会发现整个历史街区被高楼所包围，感觉如同被外来新的物种（建筑）所逐渐吞噬一样。2006年开始进行的太平街历史街区空间的演变研究，至今已经过去10年，从规划设计院设计到施工，再到一轮一轮的商业空间易主，这片历史街区的商业生态已经逐渐适应新时代的城市居民和生活，咖啡馆、酒吧、美食餐厅、艺术馆等新兴的社交空间注入到历史街区中。可以想象，太平街将成为湖湘地界上最有活力的历史街区，然而少了原住民和原汁原味的生活就难以称得上是理想的历史街区，所以每当我们在这片历史街区进行调研与测绘时，庆幸还有老秤店的嗲嗲（长沙方言）一直在坚守!

“惟楚有才，於斯为盛”，湖南人一直引以为傲的湖湘文化是有着深厚的历史渊源的，翻开历史长卷，仅文化名城长沙就有着璀璨若星河的历史文化名人。太平街为湖湘文化所滋养，古街的韵味因其深厚的文化底蕴而更加引人注目，屈贾文化、老长沙的商业民俗、辛亥革命策源地，等等，这些文化特征对太平街影响深远，使得街区充满了民国时期的老长沙街市的生活氛围。长沙的历史街区资源通常包括人文资源、文化资源、自然资源甚至科学技术资源，等等，这些众多资源组合在一起有效地构成了历史街区的复合资源，这也是历史街区的主要财富支柱。通常从经济角度而言，保护好这些优秀的传统资源复合体，实际上是将有价值的资源转变为优质的资产，把潜在的优势转变为实际的优势，进一步挖掘和发挥其所蕴含的历史价值、文化价值、艺术价值、社会价值、旅游价值、使用价值及经济价值，并产生相应的经济、社会与环境效益。所以，历史街区应该要以可持续发展的态度去传承与经营街区的传统文化。

具备生活文化底蕴的湖湘老街一般都有一些能很好地体现历史时期生活状况的烙印，如牌楼、戏台、民居等，而这些烙印也是一条名副其实的湖湘老街的见证。在湖湘文化中，牌楼通常是历史名街的标志，是封建社会为表彰功勋、科第、德政以及忠孝节义所立的建筑物，也有一些宫观寺庙以牌坊作为山门，还有的则是用来标明地名的，主要为门洞式纪念性建筑物，用来宣扬封建礼教，标榜功德。在湖湘地域中，牌楼主要以砖牌楼、石牌楼为主，其构造形式通常为"冲天式"（又称"柱出头"）。戏台则一般扮演丰富街区居民精神文化与物质文化的主要角色，是老街区居民聚会、交流的主要场所，也是传播湖湘文化的平台。湖湘地域的戏台基本以木结构建筑为主，分为单层、双层两种类型，多在四根角柱上设雀替大斗，大斗上施四根横陈的大额枋，以形成一个巨大的方框，方框下面则是空间较大的表演区，上面则承受整个屋顶的重量，建筑形制很有特色。具有湖湘特色的民居其建筑形式通常分为多进式、单进式两大类，其空间布局通常是由前后两个一明一暗的三间房组成，屋体的构架采用"三间四架、五柱八棋"的形式，通过灵活运用吊脚楼穿斗、马头山墙等手法，形成多变的形体，中间则多为内院，种植花木，色调素净明雅。这些作为历史街区文化的实体构成，与地域传统的街区生活文化共同构筑了老街区的历史文化。生活需要空间作为载体，空间也离不开生活的充填，这些烙印需要留下，伴随这些烙印的生活记忆更需要记录与传承。很多人问我们为什么选择以绘本的叙事策略进行设计创作？其实通过这么多年对长沙历史街区的解析之后，我们发现必须换一种思路进行思考：我们做的事情是否能对社会起到范式作用？传统意义上的保护与历史文化策略研究，是否能影响到普罗大众呢？如何能挖掘街区生活并被大众所消费，走出一条真正意义上的产学研之路呢？建筑学领域面对产学研之路是有着一定屏障的，对此我们有着自己的思考。建筑师与医生有着相类似的工作性质，都需要展开实践，建筑师需要与设计院展开工程合作，医生则需要在医院进行不断的临床分析。但是建筑师面对不同的地域、不同的服务对象，其创作周期是绵长的，时间成本也是不可估量的，然而医生面对人的病理问题则是标准化与精准化的治疗。正如我们选择绘本形式来解读长沙的历史街区一样，也希望尝试能走出一条属于建筑师自己的路！在建筑绘本创作的道路上非常庆幸能有绘造社的《一点儿北京》出现，让我们理清了许多思路。李涵和胡妍同样是建筑师，在城市绘本的道路上已经走了很远，是我们学习的榜样，没有他们的探索，我们不知道世界上有许多优秀的绘本设计师。此外还不得不提美国漫画家克里斯·维尔和罗德·亨特插画工作室勾勒出的平面图、立面图和轴测图，让建筑与建筑之中的故事有了更多情境和趣味，使人在翻阅过程中想去探寻这个绘本描绘的世界，能让人重新定位和思考建筑、城市、人三者之间的依存关系。因此，《绘长沙·太平街》这本书中所有的故事都是通过调研、挖掘以及设想重新植入，可以说里面有许多湖南人曾经的记忆片段。在绘本创作实践中，我们除了延续学术研究的价值挖掘以外，还加入了一些消费价值与经济价值，尝试着进行建筑学背景的一次产学研实践。建筑空间研究与绘本在某种程度上有着一定的联系性，原有建筑学研究并没有太多地传递给大众相关的科普知识，绘本可以作为一种传播载体，而绘本在创作时则需要大量的建筑学知识作为生产资料，同时绘本的表现形式也是一种图像语言，可以快速被大众接受，两者是相互影响的。

街区和建筑是《绘长沙·太平街》绘本的主要构成元素，空间中人的表现相对来说则是一种行为符号，这种行为符号主要来表现活动、分布、空间比例尺度。在绘本创作中，人的说话、思考、情绪，都反映着人与空间、人与建筑、人与街区之间的关系。街区与建筑的故事情境中，人充当阐释空间的角色，引领读者去畅游街区中的每个空间，品味其中的故事。在绘本的创作过程中，我们还发现了许多趣味性的空间，这种空间大部分是由原住民搭建起来的自发性空间，虽然它的生长与我们的建筑和规划规范背道而驰，却充分体现了生活在这片街区的居民的智慧。绘本中的每个空间的表现都是通过大量的调研与访谈获取原始资料后创作而成，这些资料包含着人的故事、建筑的故事、街区的故事，三者结合起来就形成了一种新的历史与文化的表现力和传播力，这也正是我们一直所要追寻和不断努力达到的！最后感谢湖南大学建筑学院、清华大学《住区》杂志社、《中外建筑》杂志社、湖南省设计艺术家协会、湖南省建筑师学会、恩师魏春雨老师、邵磊老师、唐曙光主任、老领导马敬喜书记、还有清华大学建筑学院教授许懋彦、中央美院建筑学院副教授刘文豹对本书的大力支持！与此同时，再次感谢凡益工作室的同事们一起坚守，才创作出此书，后续我们将继续努力扩展更多的《绘长沙》系列城市绘本！

参考文献：

[1] 王蔚，魏春雨．历史街区对城市发展的影响——以长沙太平街为例 [J]. 建筑学报 ,2010(3):18-21.
[2] 王蔚，邵磊，高青．长沙城区工业建筑保护与更新后的可持续探讨 [J]. 建筑学报 ,2014(4):92-98.
[3] 王蔚，魏春雨．长沙近代工业建筑遗产保护研究 [J]. 工业建筑 ,2011(4):54-57.
[4] 王蔚，魏春雨，陈坚．两型社会城市建设下的 RBD 探索——长沙太平街 RBD 构想 [J]. 中外建筑，2008(9):81-84.
[5] 王蔚，魏春雨．城市化进程中公共空间危机的应对策略 [J]. 工业建筑 ,2011(1):54-57.
[6] 王蔚，涂宇浩．追寻一座城市变迁中的记忆片段——对谈长沙 [J]. 住区 ,2014(3):75-90.
[7] 伊利尔 · 沙里宁．顾启源译．城市：它的发展、衰败与未来 [M]. 北京：中国建筑工业出版社，1986.
[8] 扬 · 盖尔，交往与空间 [M]. 何人可译．北京：中国建筑工业出版社 ,2002.
[9] 陈伟业．上海老城厢历史文化风貌的保护 [J]. 城市规划汇刊 ,2004(5):51.
[10] 韩昌凯．中华牌楼 [M]. 北京：中国建筑工业出版社 ,2008.
[11] 罗德胤．中国古戏台建筑 [M]. 南京：东南大学出版社 ,2009.
[12] 黄家瑾，邱灿红．湖南传统民居 [M]. 长沙：湖南大学出版社 ,2006.
[13] 范俊芳，文友华．历史人文故居修复的规划探讨——以贾谊故居为例 [J]. 中外建筑 ,2009(10):100-104.
[14] 晟龙，柳肃．文明 人居 城市——对谈：" 城市生长中的空间权力分配 "[J]. 中外建筑 ,2015(07):32-39.
[15] 申慧，柳肃，郭宁．还原特定历史环境 恢复部分城市记忆——以 " 民国长沙 " 概念规划设计为例 [J]. 中外建筑，2012(01):68-69.
[16] 柳肃．历史文化名城长沙的文化生态与文化建设 [J]. 武陵学刊 ,2011(06):51-54.
[17] 袁媛，柳肃．设计追随生活——长沙市近代公馆建筑的尺度与生活方式之关系 [J]. 华中建筑 ,2006(08):171-173.
[18] 柳肃．中国传统民居建筑的类型及其地理分布 [J]. 中外建筑 ,1996(06):27-28.
[19] 陈先枢 .90 年代后期长沙商业发展面临的机遇和挑战 [J]. 湖南商学院学报 ,1996(03):6-9.
[20] 陈先枢．宋代汴梁、临安两都的店铺装饰 [J]. 重庆商学院学报 ,2000(02):69-70.
[21] 陈先枢．长沙金融市场的形成 [J]. 经贸导刊 ,1997(09):48.
[22] 陈先枢．太平街寻踪 (2003 年中央台电视专题片解说词) 中央电视台科学·教育频道“老地方”栏目 ,2003.
[23] 陈先枢．长沙名人印记．湖南老街 [M]. 长沙：湖南文艺出版社 ,2012.
[24] 刘平．发现徐寿民：一个民国银行职员的往事寻踪 [J]. 中国银行业 ,2016(05):113-115.

创作团队

创作团队由建筑师王蔚、高青、易锦田、许昊皓和城市摄影师晟龙、熊世祺以及插画师陈芷芳组合于长沙，是一个集建筑设计、影像、传媒、城市研究于一体的创作团队，致力于挖掘当代长沙城市文化的可持续模式。

王蔚

湖南大学建筑学院助理教授
凡益工作室创始人
爬山虎工作室联合创始人
清华大学博士后、建筑学博士

高青

东南大学建筑学博士研究生
凡益工作室合伙人、运营总监

易锦田

凡益工作室合伙人
策划与设计总监

涂宇浩

凡益工作室合伙人
首席摄影师

陈芷芳

凡益工作室首席插画师

熊世祺

凡益工作室首席影像师

微信服务号

微信订阅号

微信服务号 / 订阅号 / 新浪微博 / 豆瓣小站：凡益工作室
扫描左侧二维码关注凡益工作室官方微信

图书在版编目（C I P）数据

绘长沙·太平街 / 王蔚等著 . -- 上海 :
同济大学出版社 , 2017. 8
（绘筑中国）
ISBN 978-7-5608-7141-7

Ⅰ . ①绘… Ⅱ . ①王… Ⅲ . ①古建筑－
长沙－图集 Ⅳ . ① K928. 71-64

中国版本图书馆 CIP 数据核字（2017）第 157583 号
………………………………………………………………………………

绘长沙·太平街
王蔚　高青　易锦田　涂宇浩　著

出版人：华春荣
责任编辑：秦蕾 李争
责任校对：徐春莲
装帧设计：易锦田
摄影：涂宇浩

版次：2017 年 8 月第 1 版
印次：2017 年 8 月第 1 次印刷
印刷：北京东君印刷有限公司
开本：889mm×1194mm 1/16
印张：11
字数：275 000
书号：ISBN 978-7-5608-7141-7
定价：98.00 元
出版发行：同济大学出版社
地址：上海市四平路 1239 号
邮政编码：200092
网址：http://www.tongjipress.com.cn

本书若有印装问题，请向本社发行部调换